中国乒乓球运动发展史

安徽省教育厅人文社科基金项目（课题编号：SK2019A0270）

许丽娟　王家忠　编著

安徽师范大学出版社

·芜湖·

U0741995

图书在版编目(CIP)数据

中国乒乓球运动发展史 / 许丽娟,王家忠编著 . — 芜湖:安徽师范大学出版社,2020.9

ISBN 978-7-5676-4617-9

Ⅰ.①中… Ⅱ.①许… ②王… Ⅲ.①乒乓球运动 – 体育运动史 – 中国 Ⅳ.①G846.92

中国版本图书馆CIP数据核字(2020)第180389号

中国乒乓球运动发展史

许丽娟　　王家忠◎编著

责任编辑:盛　夏　责任校对:吴毛顺

装帧设计:丁奕奕　责任印制:桑国磊

出版发行:安徽师范大学出版社

　　　　　芜湖市九华南路189号安徽师范大学花津校区　　　邮政编码:241002

网　　址:http://www.ahnupress.com

发 行 部:0553-3883578　5910327　5910310(传真)

印　　刷:江苏凤凰数码印务有限公司

版　　次:2020年9月第1版

印　　次:2020年9月第1次印刷

开　　本:700 mm × 1000 mm　1/16

印　　张:10

字　　数:153千字

书　　号:ISBN 978-7-5676-4617-9

定　　价:32.80元

前　言

乒乓球运动作为当今中国最具群众基础的运动，一直以来都以其独特的魅力成为众人关注的焦点。据国际单项联合会统计，里约奥运会期间，乒乓球在全球范围内的转播时长高达471.4小时，共有5.52亿球迷观看了比赛。其中，中国共有3.72亿观众，占总收视人群的67.39%[1]。由此可见，乒乓球运动是一项深受我国人民喜爱的体育运动项目。

现今对乒乓球运动发展史的研究虽有一些成果，但是不成体系，且非常零散。李荣芝等对中国乒乓球运动的发展进行了研究，通过考证，认为乒乓球传入近代中国的时间应该是1901年或更早，地点是天津。1935年，中华全国乒乓球协会在上海正式成立，标志着乒乓球运动作为一项正式的体育运动项目登上中国体坛[2]。

---

① 钟飞,李荣芝,张园月.国内外乒乓球研究热点与演化进程[J].上海体育学院学报,2017,41(5):82.

② 李荣芝,肖焕禹.乒乓球在近代中国的传入及发展[J].成都体育学院学报,2012,38(5):2.

"五四运动"后，中国乒乓球运动快速发展，逐步从学校扩展到社会各界，但国际间的交流主要限于中日之间，中国还没有加入国际乒联组织。这期间，中国乒乓球技术基本上处于一个完全模仿的阶段，没有形成自己独特的技战术风格。那时，由于反动统治和战争的影响，广大人民生活在水深火热之中，没有条件从事体育锻炼，乒乓球运动也不可能得到健康的发展，但是近代中国在乒乓球组织、竞赛、技术、规则等方面都进行了一定的有益的探索，为当今我国乒乓球事业打下了初步的历史基础。

新中国成立后，乒乓球运动迅猛发展，我国运动员出现在各个世界大赛上，取得了令人瞩目的成绩。但张利等认为，我国的乒乓球发展也不是一帆风顺的，经历了高潮与低谷，主要可以概括为4个时期：蓬勃期、低谷期、鼎盛期、变革期。蓬勃期：1952年，在北京举行了"全国乒乓球比赛大会"，并且中华全国体育总会乒乓球部加入国际乒联；1953年，我国首次参加国际乒乓球比赛（第20届世界乒乓球锦标赛）；1961年，第26届世界乒乓球锦标赛在我国举行，我国运动员取得了3金4银的成绩。低谷期："文化大革命"期间，我国乒乓球界与国际乒坛中断来往4年多，中国运动员也一直没有参加世界级比赛。鼎盛期：20世纪70年代开始，由于"乒乓外交"的影响，我国运动员在各个世界大赛中均取得了不错的成绩。变革期：现今，中国乒乓球队被称为"梦之队"，在世界乒乓球竞赛舞台上形成了垄断，对此，国际乒联对比赛规则、赛制等进行了一系列的改革①。

21世纪之后，乒乓球运动在世界各国得到了迅速发展。同时，我国乒乓球运动员人才辈出，技战术全面，又有各自的特长技术，并且在近台、中台、远台都具备对抗能力，能将速度、力量和旋转完美地组合运用。

---

① 张利,杨三军.乒乓球运动起源与技战术发展研究进展[J].体育文化导刊,2016
(6):99.

本书通过搜集和查阅相关历史文献资料，按照历史发展的顺序，就我国乒乓球运动发展的研究状况，访谈了北京体育大学、上海体育学院等高校及体育科研所的一些专家学者，积极听取他们的意见，并且实地调研了我国乒乓球运动相关的历史文物、文献资料等。从乒乓球运动在中国的传播和发展、中国乒乓球运动逐步称霸世界的原因、中国乒乓球运动员世界冠军简介以及中国乒乓球运动的辉煌、乒乓球运动未来的展望等方面，对中国乒乓球运动发展史做了一次较为全面的梳理。同时，期待我国乒乓球运动的研究水平不断提高，深化对乒乓球理论和实践的认识，为中国乃至世界乒乓球运动的发展做出一定的贡献。

目　录

第一章 乒乓球运动概述

第一节 乒乓球运动的起源

乒乓球运动只有100多年的历史，是一项"年轻"的体育运动，比起已经存在两千多年的田径运动，它是一个名副其实的"后辈"。

关于乒乓球运动的起源，众说纷纭。第一种关于乒乓球运动起源的说法：由两个英国青年在玩耍中无意发明的。19世纪末的伦敦，两个青年人到一家饭馆去吃饭，在等待间隙，他们感到无聊，便将装雪茄的盒盖拿在手中玩，同时将酒瓶上的软木塞拔了下来，将软木塞用雪茄盒盖相互打过来打过去，他俩玩得竟入了迷，在餐桌上你来我往，连吃饭都顾不上了。由此，这项餐桌上的游戏，很快就演变发展成乒乓球运动，并风靡伦敦，形成了一股乒乓球热。为了纪念发明国，1926年，第1届世界乒乓球锦标赛在伦敦举行。

第二种关于乒乓球运动起源的说法：由英国海军军官发明的。1890年，几位驻守在印度的英国海军军官偶然发现，在一张不大的台子上玩网球颇为刺激。后来他们改用空心的小皮球代替弹性不大的网球，并用木板代替了网球拍，在桌子上进行这种新颖的"网球赛"，这就是"Table Tennis"（乒乓球）

得名的由来。最初，"Table Tennis"还有其他名称，如"Indoor Tennis"。

第三种关于乒乓球运动起源的说法：由英国大学生发明的。19世纪末，欧洲盛行网球运动，由于受到场地和天气的限制，英国有些大学生便把网球移到室内，以餐桌为球台、书为球网，用羊皮纸作为球拍，在餐桌上打来打去。

总之，乒乓球运动是由英国人发明的，发源地是英国还是印度，还需进一步考证。乒乓球出现不久，便成了一种风靡一时的运动。

20世纪初，乒乓球运动是美国头号持拍运动，有超过20万美国人在打乒乓球。由此促进了美国企业大量生产乒乓球器材和设备。美国是最早开始成套生产乒乓球比赛用具的，并且一位美国制造商以乒乓球撞击时所发出的声音创造出"Ping-pong"这个新词，作为他制造的乒乓球产品的专利注册商标。"Ping-pong"后来成了"Table Tennis"的另一个正式名称。当它传到中国后，人们称之为"乒乓球"。

20世纪初，乒乓球运动在欧洲和亚洲蓬勃开展起来。1926年，在英国伦敦举行了欧洲乒乓球锦标赛，后被追认为第1届世界乒乓球锦标赛（以下简称"世乒赛"），同时成立了国际乒乓球联合会（以下简称"国际乒联"）。

乒乓球运动的广泛开展，促使球拍和球有了很大改进。最初的乒乓球拍两面是没有胶皮的，胶皮乒乓球拍是英国人古德首先发明并使用的。一天，古德赛完球后，在回家途中到药店买药，当药店老板将找回的零钱扔给他时，钱币落在胶皮盘子上弹了起来。古德的眼睛顿时一亮，于是向药店老板买下了胶皮盘子，将胶皮装在自己的球拍上，精心改良了自己原先的球拍。后来，古德用这块粘上胶皮的球拍参赛，从容地战胜了所有的对手。此后，人们打乒乓球时，大都喜欢在木板球拍上贴一层皮革或软木。随着现代工业的发展，欧洲人把带有胶粒的橡皮贴在球拍上。20世纪50年代初，日本人又发明了贴有厚海绵的球拍。最初的球是一种类似网球的橡胶球。1890年，英国运动员吉布从美国带回一些作为玩具的赛璐珞球，用于乒乓球运动。2014年，乒乓球国际比赛启用全新的、以高分子聚合物为原料的塑料球，用以替代沿用了100多年的赛璐珞球。

乒乓球运动从诞生之初至今，一直有"Table Tennis"与"Ping-pong"两种称谓，而且在不同国家具有不同的意义表达。关于两种乒乓球运动名称的纷争，商业利益是其中最主要因素。美国一家公司出于逐利目的不遗余力地保护"Ping-pong"商标，导致国际乒联1926年将"Ping-pong"改为"Table Tennis"，并一直沿用至今①。

总之，乒乓球运动大约在19世纪末期起源于英国，随后传到世界各地。乒乓球运动起初被很多人视为娱乐活动，但发展至今，它已成为一项世界性的竞技运动。

图1.1　乒乓球拍和球

第二节　乒乓球运动的发展

在名目繁多的乒乓球比赛中，最负盛名的是世乒赛。世乒赛起初每年举行一次，1957年后改为两年举行一次。乒乓球运动于1988年获得国际奥委会承认，首次成为奥运会正式比赛项目，其中包括男子单打、女子单打、男子双打和女子双打。

乒乓球运动水平大约经历了三次大提高。初期，运动员使用的球拍虽形状各异，但都是木制的，球弹出后速度慢、力量小，没有什么旋转技巧，打法也很简单，就是把球推来推去。

①李荣芝,钟飞.乒乓球运动名称的历史钩沉[J].体育文化导刊,2016(12):173.

1903年，英国人古德发明了胶皮球拍，有力地促进了乒乓球技术的发展。从1926年到1951年，世界各国选手大都使用表面有圆柱形颗粒的胶皮球拍，击球时增加了弹性和摩擦力，可以使球产生一定的旋转，因而出现了削下旋球的防守型打法。这是乒乓球运动水平的第一次大提高。这一时期乒乓球运动的优势在欧洲，其中匈牙利队成绩最突出，在各类世界比赛中共获得57次冠军，占欧洲所有国家队的一半。

1936年，第10届世乒赛在捷克斯洛伐克布拉格举行，大赛中出现了令人惊讶的局面。男子团体冠军争夺赛在罗马尼亚和奥地利之间进行，比赛在星期天晚上9时开始。双方各派出三名削球手，由于打法相同，水平又接近，且都用了拖延战术，不肯轻易主动攻击，一味企图利用对手的失误得分。比赛进行到第二天凌晨3时还是2比2。当地规定，公共场所必须在凌晨3时关闭，所以惹来了警察干涉。最终比赛耗时31个小时，奥地利才艰难取胜。

1959年，容国团获得了第25届世乒赛男子单打冠军后，中国运动员开始登上国际乒坛。我国乒乓球运动员逐渐形成了以"快、准、狠、变"为技术风格的直拍近台快攻打法。在1961年第26届世乒赛中，中国队既战胜了欧洲各支队伍，又战胜了拥有远台长抽加秘密武器——"弧圈球"打法的日本队，第一次夺得了男子团体世界冠军。之后，中国队又连续获得了第27、28届男子团体冠军。中国近台快攻的优点是站位近、速度快、动作灵活、正反手运用自如，比日本队远台长抽打法又大大前进了一步。20世纪60年代，中国乒乓球技术水平已经位于世界前列，乒乓球运动的优势转移到中国。这是乒乓球运动水平的第二次大提高。

在中国乒乓球运动发展的同时，欧洲运动员从失败中总结经验教训，经过近二十年的努力，终于取日本弧圈球技术和中国近台快攻打法之长，创造出适合他们的先进打法，一是以弧圈球为主，结合快攻的打法。代表人物是匈牙利的克兰帕尔和约尼尔等。二是以快攻为主，结合弧圈球的打法。代表人物是瑞典的本格森、捷克的奥洛夫斯基等。这两种打法的特点是速度快，能拉能打，低拉高打，回旋余地较大。乒乓球运动又被推进到防守和速度紧密结合的新高度。这是乒乓球运动水平的第三次大提高。

20世纪70年代以来，由于国际交往和学习研究的加强，各种打法互取长短，使乒乓球技术得到了更快的发展和提高。中国近台快攻、直拍快攻、横拍快攻结合弧圈球等打法和技术，均有所发展和创新，在国际比赛中取得了优异的成绩。1982年，国际奥委会通过了关于从1988年起把乒乓球列为奥运会正式比赛项目的决定，推动了乒乓球运动更快地发展。

20世纪80年代初，中国队囊括了第36届世乒赛7项冠军之后，就有人提出把乒乓球加大，由"小球"变"大球"，把球网加高等建议，但这一建议没有得到人们的重视。此后，乒乓球运动技术不断发展，球速越来越快，旋转越来越强，有时球飞如闪电，观众还未看清，已经决出胜负，削弱了乒乓球爱好者的兴趣。

1999年，在第45届世乒赛期间举行的国际乒联代表大会上，"大球改革"提案因未获得四分之三多数票而被搁置。2000年2月23日，国际乒联特别大会和代表大会在吉隆坡通过40毫米大球改革方案，决定从2000年10月1日起，使用直径40毫米、重量2.7克的大球，取代38毫米小球。

2017年6月9日，国际乒联官网宣布，乒乓球混双将成为东京奥运会正式比赛项目。这个决定无论对于中国队还是东道主日本队都是一个利好消息，毕竟中日都有实力争夺这枚金牌。

第三节　乒乓球运动的场地设施

乒乓球比赛在体育馆内进行，比赛区域包括可容纳4张或8张球台（视竞赛方法而定）的标准尺寸（8米宽、16米长、天花板高度不得低于4米）的正式比赛场地，以及比赛球台旁的通道、电子显示器、运动员座席、教练员座席、竞赛官员（技术代表、裁判长、仲裁等）区域、摄影记者区域、电视摄像区域、颁奖区域等。

一、灯光

为了保证电视转播影像清晰，要求球台照明度为1 500～2 500勒克斯，所有球台的照明度都应是一样的。如果因电视转播等原因需要增加临时光源，该光源从天花板上方照下来的角度应大于75°。比赛区域其他地方的照明度不得低于比赛台面照明度的1/2，光源距离地面不得少于5米。场地四周一般应为深色，观众席上的照明度应明显低于比赛区域的照明度，要避免耀眼光源和未遮蔽窗户的自然光。

二、地板

地面应为木制或经国际乒联批准的品牌和种类的可移动塑胶地板。地板具有弹性，没有其他体育项目的标线和标识。地板的颜色不能太浅或反光强烈，可为红色或深红色。地板不能过量使用油或蜡，避免打滑。

三、空气流速和气温

乒乓球比赛时馆内比赛区域的空气流速控制在0.3米/秒之内，温度控制在20～25℃。

四、乒乓球运动的场地规格

乒乓球比赛区域应由0.75米高的同一深色挡板围起，并与相邻的赛区及观众隔开。每张球台的比赛场地面积为8米×16米。场地内放有球台、球网、球、挡板、裁判桌、裁判椅、计分器等。每张球台至少还要使用两台计分器，决赛时使用四台。电子记分牌安放在乒乓球比赛场地两侧或四角，牌上有运动员的姓名、所属国家或地区、时间、各局比分等，使观众在看台上可以清楚地看到比分。体育馆内还有一个所有观众都能看清楚的大电子显示屏，能同时显示所有球台比赛的有关信息。决赛或仅使用一张球台比赛时，裁判员使用话筒，以方便全场观众观看比赛。

五、器材规格

球台高76厘米、长2.74米、宽1.525米，颜色为墨绿色或蓝色。球网高15.25厘米，台外突出部分长15.25厘米，颜色与球台颜色相同。球为白色或橙色，且无光泽，直径40毫米、重2.7克的硬球。所有器材均由国际乒联特别批准和指定。

图1.2 乒乓球台

六、球拍类型

1.正胶海绵拍。正胶就是胶皮颗粒向上、高度与直径相等的胶皮。它弹性好、击球稳且速度快，略带下沉的感觉，适合近台快攻型的球员使用。如果觉得自己手腕动作灵活，而大臂和腰腹力量不够，那最好选择以速度制胜的正胶球拍。

2.生胶海绵拍。生胶就是胶皮颗粒向上、直径大于高度的胶皮。特点是击球有下沉，搓球旋转弱，适合近中台球员使用。

3.反胶海绵拍。反胶就是粘贴时粗面向下、黏性较大的光面向上的一种胶皮，欧洲的选手均采用此种胶皮。反胶打球的旋转力很强，所以打法以旋转为主（如弧圈球、削球）的球员适合这类球拍。当然，反胶容易制造旋转，也容易吃转，想熟练掌握有一定难度。

4.长胶海绵拍。一般来说，高度超过1.5毫米的胶皮称为长胶。这种胶皮的胶粒很软，颗粒细长，支撑力小，主动制造旋转的能力很差，主要依靠来球的强旋转或冲力大来增加回球的旋转度。由于长胶的特殊性，不利于少儿掌握，而且会干扰球感，因此，我国已经禁止少儿比赛使用长胶。初学者和技术不高的爱好者同样不适合用长胶。

5.防守型海绵拍。使用的是一种叫"防弧胶皮"的反胶海绵胶皮，这种胶皮拍面无黏性，击球力量弱，弧线较短，球体着台后下沉飘忽，令对手难以按常理判断，对付弧圈球尤为有效。

生产的球拍上，多标明有"进攻""全面""防守"等类型的分类标识，可供爱好者选择。初学者，不妨选用控球容易的低档球拍来矫正动作，待水平逐渐提高、形成稳定的打法后，再挑选针对性较强的中高档球拍。低档球拍不一定就不好，哪块球拍用顺手了，哪块就是好球拍。

七、比赛台面

球台的上层表面叫作比赛台面，应为与水平面平行的长方形。根据比赛的需要，比赛台面又可分为不同区域，例如左、右半区，近网区、底线区、中区及边区。

1.左、右半区又称1/2区，其方向是针对击球者本身而言的。

2.近网区指距球网40厘米以内的区域。

3.底线区指距端线30厘米以内的区域。

4.中区指介于近网区和底线区之间的区域。

5.边区指靠近球桌边缘的区域。

第四节　乒乓球运动的相关规则

一、发球规则

1.选择发球、接发球和场地的权力应通过选择硬币的正反面来决定。选对者可以选择先发球或先接发球，或先选择场地。

2.当一方运动员选择了先发球或先接发球或场地后，另一方运动员应有另一个选择的权力。

3.在每发球两次之后接发球方即成为发球方，依此类推，直到该局比赛结束，或者直至双方比分都达到10分，实行轮换发球法，这时发球和接发球次序仍然不变，但每人只轮发一分球。

4.一局中在某一方位比赛的一方，在该场的下一局应换到另一方位。单打决胜局中当有一方满5分时应交换方位。

二、发球方式

（一）正手发奔球

1.特点：

球速急、落点长、冲力大，发至对方右大角或中左位置，威胁较大。

2.要点：

（1）抛球不宜太高。

（2）提高击球瞬间的挥拍速度。

（3）第一落点要靠近本方台面的端线。

（4）击球点与网同高或稍低于网。

（二）反手发急球与急下旋球

1.特点：

球速快、弧线低、前冲大，迫使对方后退接球，有利于抢攻。

2. 要点：

（1）击球点应在身体的左前侧，与网同高或比网稍低。

（2）注意手腕抖动发力。

（3）第一落点在本方台面的端线附近。

（三）发短球

1. 特点：

击球动作小、出手快，球落到对方台面后的第二跳不出台，使对方不易发力抢拉、冲或抢攻。

2. 要点：

（1）抛球不宜太高。

（2）击球时，手腕的力量大于前臂的力量。

（3）第一落点不要离网太近。

（4）发球动作尽量与发长球相似，使对方不易判断。

（四）正手发转与不转球

1. 特点：

转球相比于不转球球速较慢、前冲力小。正手发转或不转球主要利用发球动作迷惑对方，造成对方接发球失误或为自己抢攻创造机会。

2. 要点：

（1）抛球不宜太高。

（2）发转球时，拍面稍后仰，切球中下部。越是加转球，越应注意手臂的前送动作。

（3）发不转球时，击球瞬间减小拍面后仰角度，增加前推的力量。

（五）正手发左侧上（下）旋球

1. 特点：

左侧上（下）旋转力较强，对方挡球时向其右侧上（下）方反弹，一般站在中线偏左或侧身发球。

2. 要点：

（1）发球时要收腹，击球点不可远离身体。

（2）尽量加大由右向左挥拍的幅度和弧线，以增强侧旋强度。

（3）发左侧上旋时，击球瞬间手腕快速内收，球拍从球的正中向左上方摩擦。

（4）发左侧下旋时，拍面稍后仰，球拍从球的中下部向左下方摩擦。

（六）反手发右侧上（下）旋球

1. 特点：

右侧上（下）旋转力强，对方挡球时，向其左侧上（下）方反弹。发球落点以左方斜线长球配合中右近网短球为佳。

2. 要点：

（1）注意收腹和转腰动作。

（2）充分利用手腕转动配合前臂发力。

（3）发右侧上旋球时，击球瞬间球拍从球的中部向右上方摩擦，手腕有一个上勾动作。

（4）发右侧下旋球时，拍面稍后仰，击球瞬间球拍从球的中下部向右下方摩擦。

（七）下蹲发球

1. 特点：

下蹲发球属于上手类发球，中国运动员早在20世纪50年代就开始使用。横拍选手发下蹲球比直拍选手方便些，直拍选手发球时需变化握拍方法，即将食指移放到球拍的背面。下蹲发球可以发出左侧旋和右侧旋，在对方不适应的情况下，威胁很大，关键时候发出高质量的球，往往能直接得分。

2. 要点：

（1）注意抛球和挥拍击球动作的配合，掌握好击球时间。

（2）发球要有质量，发球动作要利落，以防在还未完全站起时已被对方抢攻。

（3）发下蹲右侧上（下）旋球时，左脚稍前，身体略向右偏转，挥拍路线为从左后方向右前方。拍触球中部向右侧上摩擦为右侧上旋，拍触球中下部向右侧下摩擦为右侧下旋。

（4）发下蹲左侧上（下）旋球时，站右中部，身体基本正对球台，挥拍路线为从右后方向左前方。拍触球中部向左侧上摩擦为左侧上旋，拍触球中部向左侧下摩擦为左侧下旋。

（5）下蹲发球时，要特别注意快速做半圆形摩擦球的动作。

（八）正手高抛发球

1.特点：

抛球高，增大了球下降时对拍的正压力，发球速度快，冲力大，旋转变化多，着台后拐弯飞行。但高抛发球动作复杂，有一定的难度。

2.要点：

（1）抛球勿离台及身体太远。

（2）击球点与网同高或比网稍低，在近腰的中右处为好。

（3）尽量加大向内摆动的幅度和弧线。

（4）发左侧上（下）旋球与低抛发球同。

（5）触球后，附加一个向右前方的回收动作，可增加对方的判断难度(结合发右侧旋球，更有威力)。

三、发球、接发球次序和方位的错误处理

1.裁判员一旦发现发球、接发球次序错误应立即暂停比赛，并按该场比赛开始时确立的次序，根据场上的比分由应该发球或接发球的运动员发球或接发球。在双打中，则按发现错误时那一局中首先有发球权的一方所确立的次序继续进行比赛。

2.裁判员一旦发现运动员应交换方位而未交换时，应立即暂停比赛，并按该场比赛开始时确立的次序，根据场上比分纠正运动员所站的方位后再继续比赛。在任何情况下，发现错误之前的所有得分均有效。

四、合法还击

对方发球或还击后，本方运动员必须击球，使球直接越过或绕过球网装置（包含触及球网装置）后，再触及对方台区。凡属上述情况，均为合法还击。

五、重发球

不予判分的回合出现下列情况，应判重发球：

1.如果发球员发出的球，在越过或绕过球网装置时，触及球网装置，此后成为合法发球或被接发球员或其同伴阻挡。

2.如果接发球员或其同伴未准备好时球已发出，而且接发球员或其同伴均没有企图击球。

3.由于发生了运动员无法控制的干扰，如灯光熄灭等原因，而使运动员未能合法发球、合法还击或未能遵守规则。（运动员与同伴相撞或者被挡板绊倒而未能合法回击，不能判重发球。）

4.裁判员或副裁判员宣布的暂停比赛。

（1）由于要纠正发球、接发球次序或方位错误。

（2）由于要实行轮换发球法。

（3）由于警告或处罚运动员。

（4）由于比赛环境受到干扰以致该回合结果有可能受到影响（例如，外界球进入赛场或者是足以使运动员大吃一惊的突然喧闹）。

六、判失一分

乒乓球比赛回合中出现重发球以外的下列情况，应判失一分：

1.未能合法发球。

2.未能合法还击。

3.阻挡。

4.连续两次击球（如执拍手的拇指和球拍连续击球）。

5. 除发球外，球触及本方台区后再次触及本方比赛台面。

6. 用不符合规定的拍面击球。

7. 双打中，除发球或接发球外运动员未能按正确的次序击球。

8. 裁判员判罚分。

9. 其他违例现象。

七、一局比赛

在一局比赛中，先得11分的一方为胜方。比分出现10平后，先多得2分的一方为胜方。

八、一场比赛

1. 一场比赛应采用七局四胜制或五局三胜制。

2. 一场比赛应连续进行，但在局与局之间，任何一名运动员都有权要求不超过两分钟的休息时间。

九、轮换发球法

1. 如果一局比赛进行到15分钟仍未结束（双方都已获得至少9分除外），或者在此之前的任何时间应双方运动员要求，应实行轮换发球法。计时员应在每一局比赛的第一个球进入比赛状态时开表。在比赛暂停时停表，恢复比赛时重新开表。比赛暂停包括：球飞出赛区至重新回到赛区、擦汗、决胜局交换方位及更换损坏的比赛器材。一局比赛进行到15分钟尚未结束，计时员应报"时间到"。

2. 当时间到时，球仍处于比赛状态，裁判员应立即宣布暂停比赛，由被暂停回合的发球员发球，继续比赛。当时间到时，球未处于比赛状态，应由前一回合的接发球员发球，继续比赛。

3. 出现上述情况时，计数员应在接发球方每一次击球后报出击球数，在使用轮换发球法时，计数员报数应用英语或用双方运动员及裁判员均能接受的任何其他语言。

4.此后，每个运动员都轮发一分球直至该局结束，如果接发球方进行了十三次合法还击，则判发球方失一分。

5.轮换发球法一经实行，该场比赛的剩余部分必须使用轮换发球法，直至该场比赛结束。

第五节　乒乓球运动的基本技术

一、握拍方法

（一）直拍握法

图1.3　直拍握法

1.快攻型握拍法。拍前食指第二指节和拇指第一指节在拍的前面呈钳形，两指间距离1～2厘米，拍柄贴住虎口，另外三指自然弯曲贴于球拍后的1/3上端。

2.弧圈型握拍法。弧圈型握拍法与快攻型握拍法基本相同，其区别是：拇指和食指形成一个小环状，其他三指在拍背面自然重叠，由中指的第一指节顶于拍柄的延长线上。

（二）横拍握法

图1.4　横拍握法

横拍握法如同握手一样。中指、无名指、小指自然弯曲握住拍柄，大拇指在球拍正面靠近中指，食指自然伸直，斜放于球拍背面。正手攻球时，食指稍向上移动，反手攻球时，拇指稍向上移动。

二、攻球技巧

1.身体姿势。

两脚开立与肩同宽或比肩稍宽，两膝微屈，前脚掌着地（主要以脚内侧蹬地），脚趾轻微用力压地，脚跟微离地面，重心置于两脚之间，上体略前倾、收腹，持拍手臂自然弯曲。直握拍的肘部略向外张，球拍置于腹部右前方，手腕自然放松，拍头指向右斜前方；横握拍的肘部向下，前臂自然平举，手腕自然放松，拍头指向上方，非持拍手臂自然弯曲于身体左侧。两眼注视来球。

2.站位。

不同打法的人，其站位方式也不同。以直拍左推右攻打法为例，一般是左脚稍前于右脚，左脚位置基本处于球台左边线的延长线上。身体与球台端线的距离约为40厘米。

3.打法类型。

（1）快攻打法。

（2）弧圈打法。

（3）弧圈结合快攻打法。

（4）快攻结合弧圈打法。

（5）以削为主的削球打法。

（6）削球和进攻结合的削球打法。

实战中，国际乒坛上主要有以下几种打法：

（1）直拍左推右攻，例如韩国的柳承敏、中国的杨影。

（2）直拍横打弧圈结合快攻，例如中国的马琳、王皓、李静、许昕。

（3）横拍弧圈结合快攻，例如中国的孔令辉、王楠、王励勤。

（4）横拍快攻结合弧圈，例如中国的邓亚萍、张怡宁。

（5）削攻结合，例如韩国的朱世赫、金景娥，中国的丁松。

4.技巧学习。

攻球从大的动作结构来讲，可分为正手和反手攻球两大类。攻球是快速进攻最重要的一项技术，杀伤力强，是解决战斗的关键技术。

（1）动作要点（以右手为例）。

①正手攻球：站位近台中偏右，左脚稍前，身体斜对球台，持拍手自然放松置于腹前，拍半横状。顺来球路线略向右侧引拍，约与台面齐高，拍面与台面约成80°，前臂与台面基本平行。当球从台上弹起，持拍手由右侧向左前上方挥动，以前臂快速内收发力配合手腕内转沿球体做弧线挥动，在上升期击球的中上部，击球位置在身体右前方一前臂距离处。

②反手攻球：站位近台，右脚稍前，持拍手自然弯曲置于腹前偏左，重心偏于左脚。顺来球线路向后引拍。当球从台上弹起，持拍手由左后向右前上方加速挥拍，前臂发力为主，手腕外转，拍面前倾，重心移至右脚，在球上升期击球的中上部。

攻球的重点、难点是挥拍发力和找到正确恰当的击球点。

（2）教学方法。

徒手模仿正、反手攻球动作，体会挥臂、腰部扭转和重心转换等动作要领。练习者站位近台中偏右（左），在右（左）角端线附近自抛自攻对方右（左）边斜线。体会前臂内收发力、手腕内（外）旋及找准击球点。两人对练，一人自抛自攻，另一人用挡球回击，互换练习；两人对练，一人正（反）手攻球，一人推挡回击，互换练习；两人对练，一人一点攻两点，另一人两点推挡一点，互换练习；两人正（反）手对攻斜线；两人对攻中路直线。

（3）易犯错误及纠正方法。

①正手攻球时不敢大胆挥拍，有停顿，弧线制造不好。纠正方法：徒手模仿挥拍练习把拍挥够。

②上臂与身体夹角过小。纠正方法：放松肩部，加大上臂与身体的距离。

③抬肘抬臂。纠正方法：做近台快攻练习，强调击球时肘肩向后下方。

④手腕下垂，球拍与前臂垂直。纠正方法：强调手腕内旋，拍柄向左，徒手模仿练习。

⑤判断球的落点不准，引拍动作不到位。纠正方法：用先做接平击发球的练习，再做连续推挡球的练习来纠正。

⑥反手攻球时拍面前倾过早。纠正方法：徒手做引拍练习使拍面稍后仰。

⑦拍面前倾不够。纠正方法：作平击发球练习，体会击球手腕外旋动作的运用。

第六节　乒乓球运动的基本战术

乒乓球运动的基本战术主要有推攻、两面攻、拉攻、拉扣吊结合、搓攻、削中反攻、发球抢攻、接发球抢攻、弧圈结合快攻、快攻结合弧圈等。

一、推攻

1.特点：主要运用正手攻球和反手推挡的速度和力量，并结合落点变化和节奏变化来压制和调动对方，以争取主动得分。推攻战术是左推右攻打法对付攻击型打法的主要战术，有反手推挡能力的两面攻运动员、攻削结合的运动员等也常使用这种战术。

2.方法：

（1）左推右攻。

（2）推挡侧身攻。

（3）推挡侧身攻后扑正手。

（4）左推结合反手攻。

（5）左推、反手攻、侧身攻后扑正手。

3.注意事项：

（1）推、攻都要有线路变化、落点变化和节奏变化，这是推攻战术争取主动和创造扣杀机会的主要方法。

（2）推挡一般以压对方反手为主，然后突然变正手，以创造进攻机会。如果对方正手较差，可以推对方正手为主。

（3）在推挡中突然加力推对方中路，使对方难于反手击球后用力回击，然后用正手或侧身扣杀。

（4）遇到机会球时要果断扣杀，这是推攻战术得分的主要手段。

（5）推攻战术要坚持近台，又不能死守近台，要学会近台和中台的位置转换，掌控对手节奏。

（6）推攻战术对付弧圈类打法应坚持近台为主，用快推和加减力推挡控制落点，伺机采用近台反拉或中等力量扣杀弧圈球，然后进入正手连续进攻。

二、两面攻

1.特点：主要利用正、反手攻球技术的速度和力量压制对方，争取主动和创造扣杀机会。两面攻战术是两面攻打法对付进攻型打法的主要战术。

2.方法：

（1）攻左扣右。

（2）攻打两角，猛扣中路。

3.注意事项：

（1）正、反手攻球都要有线路变化和落点变化，以便创造扣杀机会。

（2）要以压对方反手为主，然后攻击对方正手或中路，以创造扣杀机会。

（3）遇到机会球时要大胆扣杀。

（4）两面攻战术在主动进攻情况下要坚持近台，被动情况下可适当后退，在中近台或中台进行反攻。

（5）两面攻战术对付弧圈球打法应坚持近台，用快带顶住对方的弧圈球，伺机采用近台反拉或中等力量扣杀弧圈球，然后转入连续进攻。

三、拉攻

1.特点：连续运用正手快拉创造进攻机会，然后采用突击和扣杀作为得分手段。拉攻战术是快攻打法对付削球类打法的主要战术。

2.方法：

（1）正手拉后扣杀。

（2）反手拉后扣杀。

3.注意事项：

（1）拉、扣的力量要有较大的悬殊，以使对方措手不及。

（2）拉球要有线路和落点变化以调动对方，争取主动和创造进攻机会。

（3）遇到机会球时要大胆扣杀或突击。

（4）采用拉攻战术要有耐心，不要急于求成，对没有把握的机会球不要过凶。

四、拉扣吊结合

1.特点：由拉攻与放短球相结合而成。拉扣吊结合战术是快攻型打法对付削球类打法的常用战术。

2.方法：

（1）在拉攻战术中扣杀或突击后放短球。

（2）在拉攻战术中放短球后，结合扣杀或突击。

3.注意事项：

（1）拉攻中放短球，要在对方站位较远并且来球比较近网时采用，放短球的落点容易靠近球网，可增加对方向前移动的距离和难度。

（2）放短球后扣杀时，如果对方靠台极近，可对准对方身体方向扣杀，往往能使对方难于让位还击。

五、搓攻

1.特点：主要运用"转、低、快、变"的搓球控制对方，然后采用低突、快点或拉攻等技术展开攻势并转入连续进攻；在搓球中遇到机会球时进行扣杀，常常带有突然性，往往可以直接得分。搓攻战术是乒乓球各种打法都不可缺少的辅助战术。

2.方法：

（1）正、反手搓球结合正手快拉、快点、突击或扣杀。

（2）正、反手搓球结合反手快拉、快点、突击或扣杀。

3.注意事项：

（1）搓攻战术既要尽可能早起板，以争取主动，但又不能有急躁情绪，否则起板容易失误。

（2）在搓球中遇到机会球时要大胆扣杀，这是搓攻战术的主要得分手段。

（3）在搓短中摆短，可使对方不易抢先进攻，故有利于创造进攻机会，以便伺机用正、反手或侧身进攻。

六、削中反攻

1.特点：由削球和攻球结合而成，常以逼角、加转、削球为主，伺机反攻。以"转、低、稳、变"的削球，迫使对手在走动中拉攻，以从中寻找机会，予以反攻。这种战术是攻削结合打法的主要战术。

2.方法：

（1）正、反手削球逼角，结合正手攻或侧身攻对方右侧空当。

（2）正、反手削两大角长球，结合正、反手反攻。

3.注意事项：

（1）正、反手削球都要注意旋转强度的变化。在削加转后用削加转相似的手法削不转球，使对方拉出高球，以进行反攻。

（2）削球时要尽可能压低弧线，以避免对方扣杀或突击。

（3）削球逼角时要适当配合削另一角，以使对方在走动中击球。

七、发球抢攻

1.特点：发球抢攻战术是以旋转、线路、落点以及速度不同的发球来增加对方回击的难度，使其出现机会球，或降低回球质量，然后抢先进攻，以争取主动或直接得分，这是乒乓球所有打法特别是进攻型打法的主要战术和得分手段。

2.方法：

（1）发下旋转与不转球抢攻。

（2）发正、反手奔球抢攻。

（3）发正、反手侧上（下）旋球抢攻。

3.注意事项：

（1）发球要有线路和落点变化，以使对方在前、后、左、右走动中接发球。

（2）发球后要有抢攻准备，以不失抢攻的机会。

（3）自己发什么球，对方可能以什么技术回击，要做到发球前心中有数。这样，才能较好地做好抢攻的准备。

（4）抢攻要尽可能凶，又不能过凶，否则会影响命中率。

八、接发球抢攻

1.特点：由某一单项攻球技术所形成，进攻性强，可变接发球的不利地位为主动地位，也可直接得分，是乒乓球运动各种打法特别是进攻型打法的主要战术。

2.方法：用快点、快攻或中等力量突击进行接发球抢攻。

3.注意事项：

（1）由于接发球抢攻是在对方主动发球、自己处于被动的接发球地位时所采取的进攻型打法，所以难度较大。接发球抢攻一般不可过凶，要看准来球的旋转方向、旋转强度和高度，采用适当的方法进攻。例如对方发加转下旋球，接发球抢攻时要采用提拉手法，以免下网。同时，攻球的力量不可过大。

（2）接发球抢攻动作结束后，要立即做好对攻或连续攻的准备，以便继续处于主动地位。

（3）接发球抢攻、抢冲的力量越小，越应注意球的路线或落点，一般应多打在对方反手。若对方反手强而正手弱，则可多打在对方正手。

九、弧圈结合快攻

以弧圈球为主，快攻为辅。这是当今最流行的打法，男子运动员中这种打法占比80%。采用这种战术的一般球拍两面都是反胶，如世界冠军王励勤、张怡宁等。

十、快攻结合弧圈

以快攻为主，弧圈球为辅，占位比较近。采用这种战术的一般球拍一面是反胶，一面是正胶、生胶或长胶（也有两面都是正胶、生胶或长胶的），如世界冠军邓亚萍、陈静，世界名将金香美、黄文冠等。

十一、怪球

没有确凿的定义，当前基本没有这种战术了。一般是以长胶削、磕、拱、飘等技术封堵来球，伺机（用倒板技术）反攻。代表人物有前国手陈子荷、倪夏莲等。

第七节　乒乓球运动等级和荣誉称号

随着现代运动员等级制度的实行，乒乓球运动员的等级有国际级健将、运动健将、一级运动员、二级运动员、三级运动员、少年级运动员等。具体条件要求如下。

一、国际级健将

凡符合下列条件之一者,可申请授予"国际级健将"称号。

1.在奥运会、世乒赛、世界杯赛中,获得男、女团体前三名的运动员(个别成绩很差者除外),获得各单项比赛前八名的运动员。

2.在国际乒联公布的当年度世界排名表中前十六名的运动员。

3.在国际乒联举办的职业巡回赛总决赛中,获得各单项前三名的运动员。

二、运动健将

凡符合下列条件之一者,可申请授予"运动健将"称号。

1.凡获得奥运会、世乒赛、世界杯赛正式参赛资格的运动员。

2.凡被列入国际乒联公布的当年度世界排名表中前五十名的运动员。

3.在亚运会、亚洲锦标赛、亚洲杯赛中获得任何一个项目前八名的运动员。

4.在国际乒联和中国乒协承认的重大国际比赛上,有世界排名前十六名队中的四个队(必须有国际乒联和亚乒联公布的优秀选手参加)参加的国际比赛中,获得团体前两名的运动员(申请的运动员必须在比赛中出场次数不少于三分之一,其中胜率达到50%以上),获得单项比赛前三名的运动员。

5.在世界青年运动会、世界大学生运动会、世界大学生乒乓球比赛、亚洲青少年乒乓球锦标赛中,获得团体冠军(申请的运动员必须在比赛中出场次数不少于总场次的50%,其中胜率达到50%以上),获得各单项比赛前三名的运动员。

6.在全运会、全国乒乓球锦标赛、中国乒协杯比赛中,获得团体前四名的运动员(申请的运动员必须在比赛中出场次数不少于总场次的50%,其中胜率达到50%以上),获得单打比赛前十六名,双打比赛前四名的运动员。

7.在全国城市运动会、全国青年乒乓球比赛中获得团体冠军的运动员(申请的运动员必须在比赛中出场次数不少于总场次的50%,其中胜率达到50%以上),获得各单项比赛前三名的运动员。

8.在一个年度的中国乒乓球俱乐部超级联赛的比赛中，获得男、女团体前四名的运动员（申请的运动员必须在比赛中出场次数不少于总场次的三分之一，其中胜率达到50%以上）；五至八名的运动员（申请的运动员必须在比赛中出场次数不少于总场次的三分之二，其中胜率达到60%以上）；九至十二名的运动员（申请的运动员必须在比赛中出场次数不少于总场次的三分之二，其中胜率达到70%以上）。

9.在一个年度的中国乒乓球俱乐部甲A联赛的比赛中，获得男、女团体前两名的运动员（申请的运动员必须在比赛中出场次数达到总场次的三分之二，其中胜率达到80%以上）。

10.在全国少年比赛总决赛中获得单打前两名的运动员。

11.在一年度的正式比赛中，中国乒协将根据参赛运动员的成绩和技术水平，推荐两名运动健将。

三、一级运动员

凡符合下列条件之一者，可申请授予"一级运动员"称号。

1.在全运会、全国乒乓球锦标赛、中国乒协杯比赛中获得团体前十六名的运动员，获得双打比赛前三十二名的运动员，单打比赛前六十四名的运动员。

2.在全国城市运动会、全国青年乒乓球比赛中，获得团体前八名的运动员，单打比赛前十六名的运动员。

3.在全国少年乒乓球比赛总决赛中，获得团体前六名的运动员，获得单打比赛前十六名的运动员。

4.在全国业余少年乒乓球比赛总决赛中，获得团体前三名的运动员，获得单打比赛前八名的运动员。

四、二级运动员

凡符合下列条件之一者，可申请授予"二级运动员"称号。

1.在省、自治区、直辖市举办的成年、青年比赛中获得团体前六名的运动员，获得各单项比赛前八名的运动员。

2.在地（市）或相当于省辖市的比赛，以及在各省、市、自治区系统举办的正式比赛中，获得团体赛前三名的运动员，获得各单项比赛前六名的运动员。

3.在各省、市、自治区举办的少年比赛中，获得单打比赛前八名的运动员。

五、三级运动员

凡符合下列条件之一者，可申请授予"三级运动员"称号。

1.在省辖市、县一级举行的正式比赛中，获得团体赛前三名的运动员，获得各单项比赛前八名的运动员。

2.在地（市）或相当于省辖市的少年比赛中，获得单打比赛前八名的运动员。

六、少年级运动员

凡符合下列条件之一者，可申请授予"少年级运动员"称号。

1.代表地（市）（专区、直辖市的区）参加省、区、市以上所举办的少年比赛的运动员。

2.在不少于二十四名少年运动员参加的正式比赛中，获得单打比赛前四名的运动员。

此外，乒乓球运动还有一项特殊荣誉称号："大满贯"。乒乓球运动的"大满贯"得主是对夺得过奥林匹克运动会的单打冠军、世界锦标赛单打冠军、世界杯单打冠军的运动员的美称。截至目前，国际乒坛上一共有10位大满贯运动员，他们是瑞典的瓦尔德内尔，中国的邓亚萍、刘国梁、孔令辉、王楠、张怡宁、张继科、李晓霞、丁宁、马龙。

第二章　新中国成立前的乒乓球运动

在我国，乒乓球运动是最受广大群众喜爱的体育运动之一，具有最广泛的群众基础。它不仅可以强身健体、愉悦身心，而且曾经在我国外交中具有重要作用。乒乓球运动在中国的发展可以概括为两个阶段：新中国成立前的乒乓球运动和新中国成立后的乒乓球运动。

第一节　中国乒乓球运动的肇始

19世纪末，义和团发起反帝爱国运动，在1900年夏发展到京津地区，当时天津有很多西方的定居者。李荣芝等对乒乓球传入近代中国的考证发现，一张刻画着一个身穿长袍、有着细长指甲、端着烟枪、正在吸食鸦片的中国人的明信卡片上的文字，是乒乓球进入中国的最早最为确凿的证据，它确凿无误地证明了乒乓球运动至少在1901年已经传入了中国，地点是在中国的天津①。

由于反动统治和战争的影响，那个时期，广大人民生活在水深火热之中，

---

① 李荣芝,肖焕禹.乒乓球在近代中国的传入及发展[J].成都体育学院学报,2012,38(5):2.

没有条件从事体育运动，乒乓球运动也不可能得到健康的发展，但是近代中国在乒乓球组织、竞赛、技术、规则等方面都进行了一定的有益的探索，为当今我国乒乓球运动的发展打下了初步的基础。

1904年，上海一家文具店的老板王道午从日本买回10套乒乓球器材。从此，乒乓球运动真正进入中国，开始了在中国的传播。1919年后，国内乒乓球运动快速发展，逐步从学校扩展到社会各界，但国际间的交流主要限于中日之间，中国还没有加入国际乒联组织。这期间，中国乒乓球技术基本上处于一个完全模仿的阶段，没有形成自己独特的技战术风格。

中华全国乒乓球协会1935年在上海正式成立，标志着乒乓球运动作为一项正式的体育运动项目登上中国体坛。1937年，中国联合日、美、英三国制定了第一个比较完备的国际乒乓规则。自此，中国乒乓球规则开始与国际接轨。

第二节　中国乒乓球运动的发展

乒乓球运动在中国起步发展较晚，受到当时政治格局和战争的影响，百姓生活苦不堪言，没有发展乒乓球运动的大环境，因此，乒乓球运动没有得到很好的发展①。

一、近代中国乒乓球运动组织

中国有识之士很早就认识到，"欲身体强健，有美满的体育的效果，必需有妥善的组织"②。"夫队伍之成立，端赖人才之培植；技术之超越，全赖组织之得当。故队伍组织法，犹国家之法律"③。由此可见，乒乓球运动的持续发展，需要完备的组织和领导。当时人们认识到乒乓球组织对乒乓球运动的发展具有重要作用。

---

① 张利，杨三军.乒乓球运动起源与技战术发展研究进展[J].体育文化导刊，2016（6）：99.

② 佟振家.体育组织与实施[M].天津：百城书局，1930：1.

③ 俞斌祺.乒乓训练法[M].上海：勤奋书局，1931：18.

20世纪初是乒乓球运动在中国的起步阶段，一些外国人和极少数的中国人在上海、广州、天津等沿海城市开展乒乓球娱乐活动，然后乒乓球运动流行至学校，但也只见于少数学校，除此外再难觅乒乓球的踪迹。直到1916年，坐落在上海市四川中路599号的上海中华基督教青年会的童子部干事克拉克与童星门、赵士瀛购置多台乒乓球桌，置于青年会童子部内，供会员们休闲娱乐。这是中国乒乓球组织化的发轫和开端。

1918年，乒乓球运动得到大力推广，遍布全国。练习乒乓球的人不断增加，球馆显得十分拥挤，遂有夜校方面的俞斌祺先生与青年会日校方面的唐昌民先生及青年会的干事顾光祖三人组织成立了上海乒乓球联合会。

1918年前后，广州有的小学在体育教师指导下开展了乒乓球运动。香港在1920年有了乒乓球运动。1923年，天津基督教青年会在该会的少年游戏室设了一张乒乓球台①。

随着时间的推移，至1924年，内地的乒乓球团体组织日渐增多。到了1926年，香港各地也有乒乓球队组成联合会。杭州青年会的乒乓球队、苏州东吴大学的乒乓球队，也在这一年应运而生。1927年，适值第八届远东运动会开幕，乒乓球也在会外表演，我国球队成绩斐然，轰动全国。从此，国内各机关积极地组织乒乓球队，尤以沪地最盛。像金叶交易所、纱布交易所、南洋兄弟烟草公司、东亚银行、通易公司、跑马总会等都组织了乒乓球队，共相比赛，可说极一时之盛了②。女子乒乓球运动方面，只有两江女子体育学校之乒乓队。

1927年，日本乒乓球联合会致函中国的上海乒乓球联合会，意欲与我国商榷乒乓球规则，以供正式乒乓球比赛所需。上海乒乓球联合会考虑到以上海一隅不足以代表全国，乃登报纸，广泛听取不同意见，经过商议，最终采取委员制的方式组成全国乒乓球联合会。

全国乒乓球联合会委员为林泽苍、胡铁吾、金季明、何逸云四人，委员

① 国家体委体育文史工作委员会,中国体育史学会.中国近代体育史[M].北京:北京体育学院出版社,1989:437.

② 中国体育社.最新注释乒乓球规则[M].上海:三民图书公司,1932:4.

长为俞斌祺。由于各种原因，这个全国乒乓球联合会更多的是起到对外交流的作用，在成立后不久便名存实亡了，但它却是成立全国性乒乓球组织的第一次具体的尝试。"本会向有乒乓队之组织。自 1928 年后，队员星散，发展维艰。虽经李君龙、标过贤等苦心擘划，然尚未有整个计划之组织，而后的卢文与车雨亭、李子祥、陈建勋诸君赞助。于是在不景气中，得一线之曙光。在征求队员之过渡时期，由本会总干事黄君维君予以精神物质上之攘助。队务因更臻发达，队员日渐增多。"[1]

1935 年初，全国乒乓球运动风起云涌，范围日渐广泛。在此背景下，应社会各界一再恳求及千呼万唤，"中华全国乒乓球协会"终于在上海正式成立。中华全国乒乓球协会的成立是我国乒乓球运动发展史上的里程碑，它标志着乒乓球运动作为一项正式的体育运动项目登上中国体坛。中华全国乒乓球协会成为近代中国乒乓球界正式对外联络的组织，从而使我国乒乓球技战术在日益频繁的相互交流过程中得到了更快的发展。

二、近代中国乒乓球国内赛事

1919 年后，上海乒乓球联合会开始组织乒乓球团体比赛。1921 年到 1930 年间，各种乒乓球竞赛接连不断，当时上海市知名的球队有华一队、圣约翰大学队等，后又出现了由各单位较高水平运动员组成的混合队，如天马队、精武队、琅琊队、广东同乡会队等。

"广州市的乒乓球活动，是 1918 年前后在体育教师的指导下首先在小学中开展的。从 1926 年开始，广州市有了正式的乒乓球比赛。"[2]1925 年后，香港也组织了一个乒乓球联合会。1927 年，戴季陶在广东发起运动会，把乒乓球也列入运动会比赛之中。这以后，广州、香港、澳门等地经常举行乒乓球比赛。这时，天津、北京已出现一些实力较强的乒乓球队，并且在两地之间经常举办友谊赛；青岛、济南等一些华北的中等城市也组织过规模较大的乒乓球比赛；国内其他城市，如杭州、无锡、苏州、南京、镇江等地也逐渐有

---

[1] 冼文灿.精武乒乓队组织之经过[J].精武丛报,1933(1):5.

[2] 崔乐泉.中国近代体育史话[M].北京:中华书局,1998:220.

了乒乓球比赛。

民国初期乒乓球相关比赛获得广泛呼应，乒乓球运动从学校逐步扩展到社会各界，国人对乒乓球运动热情高涨。1924年，经乒乓球界热心人士几度努力，终于将乒乓球列为全运会的表演项目。同时，在上海、天津等地出现了一些称为"比赛会"的组织，但参加人数不多。

清末和民国时期开展乒乓球运动的40多年间，共举行过两次全国性比赛。一次是在1935年举行的第六届全国运动会上举办了第一届全国乒乓球比赛，地点设在上海四川路横滨桥中央大会堂，是由上海乒乓球联合会发起的。各省市纷起响应，但"惟因限于经费，有数处不克赴会参加"①。另一次是1948年在上海江湾体育场举行的第七届全运会，共58个代表队参赛，约2 670人。

三、近代中国乒乓球国际赛事

1925年春，旅沪日本人桌球代表城户尚夫经三菱公司经理秋山的同意，捐助"秋山大银杯"一只，作为上海中日乒乓球比赛的锦标。这一次"秋山大银杯"为我国乒乓球队夺得。

1927年，当中日两国乒乓球专家协定了乒乓球比赛规则以后，日本特意来函邀请我国中华乒乓球队赴日进行比赛和交流。赴日本之前，国内先举行了个人比赛以选拔优良队员，这一次是中国赴海外与日本乒乓球队的第一次交流，也是我国乒乓球队在海外取得成绩的出发点。

1930年5月，第九届远东运动会在日本举行，中华乒乓球队本打算参加，结果未能前往。后日本桌球会邀请中华乒乓球队前往参加比赛，旅费中日各半。出发前，由于经费所限，中华乒乓球队不得已向中国内衣公司、中国乒乓球公司、上海市教育局、跑马厅、同人俱乐部、三和公司、新利洋行等倡议捐助，共得三百余元②。中华乒乓球队赴日后，共比赛9次，其中两次为锦标赛，其余为友谊赛。与日本群山学校的比赛，中华乒乓球队全胜。与群山

---

① 马治奎.乒乓球[M].上海:康健书局,1948:3.

② 故视.全国乒乓竞赛大会上海市预选略况[J].乒乓世界,1935(21):362.

学校比赛后，我国极力提倡女子乒乓球运动，以准备将来与日本女子乒乓球队比赛，我国女子乒乓球运动和比赛因此得到不断开展。此后，国内的乒乓球界更加努力，大有再接再厉的形势①。

1937年，我国乒乓球运动员第一次同欧洲选手交手，对手是匈牙利乒乓球选手沙巴都士和他的助手。沙巴都士在当时名列世界第四，曾获得世界单打冠军，他们于1937年来香港和上海进行乒乓球表演赛。我国运动员同他们进行过多场友谊比赛，但只胜两场。其中一场是香港选手潘世安胜沙巴都士，另一场是胜他的助手②。

1936年2月，国际乒联主席蒙塔古先生曾来信邀请我国加入国际乒联，他表示"积极欢迎中国成为会员国"，但是当时我国处于战争的阴影下，政治局势也不明朗，又因1935年1月在上海刚刚成立的中华全国乒乓球协会经费窘迫，球队组织也不完善，未能办成此事。1936年与国际乒联的失之交臂，让中国乒乓球走上世界舞台的时间推迟了17年之久。直到中华人民共和国成立，才使中国的乒乓球运动获得了勃勃生机。1953年，在克罗地亚的布加勒斯特举行的第20届世乒赛上，第一次出现了中国人的身影。

四、近代中国乒乓球运动的演变

（一）技术的演变

我国早期的乒乓球爱好者很早就认识到乒乓球技术的重要性。"对于技术亦大有研究和训练的必要，技术的存在才会发生兴味"③。整个民国时期由于与世界乒乓球运动水平存在差距，对乒乓球技术的研究开展较少，研究也不够深入，成果不多，计有上海商务印书馆出版的《乒乓》、上海勤奋书局出版的《乒乓训练法》及上海中国乒乓研究会所编的《乒乓世界》，除此之外再难觅其他相关研究成果。

---

① 中国体育社.最新注释乒乓球规则[M].上海：三民图书公司,1932:11.

② 国家体委体育文史工作委员会,中国体育史学会.中国近代体育史[M].北京：北京体育学院出版社,1989:440.

③ 林端侯.乒乓闲话[J].福建体育通讯,1940(2):52.

《乒乓》是我国最早开展系统研究乒乓球技术的成果，认为"若能本不慌、不忙、不骄、不慢之义，奋斗到底，锦标可望矣"①。其他早期的一些研究散见于上海中国乒乓研究会所编我国历史上第一份单项运动杂志《乒乓世界》月刊。《乒乓训练法》是我国较早开展系统研究乒乓球技术的成果，对球拍握法有独到之处，如"以大拇指与食指，握于球板柄中间，再以其余三指，按于板后中央。初学者二指往往用力不均，以致击出之球，方向无定。此坐握板不稳之病，学者当使二指紧捏板，不致成侧式，以板面向网击球，练习既熟，自能得心应手矣"。发球"以左手大拇指食指中指握球，靠近台端，高离台面二寸（6.67厘米）……"②同时对挡球法、击球及左右法、知悉球性法、缩球法、推球法、转球法、削球法、抽球法、挡球抵敌法等都详尽说明，是当时练习乒乓球技术的指南。

（二）器材的演变

1937年国际乒联对比赛器材进行了修改：将球台宽度由146.4厘米增加到152.5厘米，球网高度由16.77厘米降到15.25厘米。随着规则针对性地改革，乒乓球也由软球改为硬球，于是打法也由防守型转向进攻型，这些规则的改变促进了新技术、新打法的发展。

我国乒乓球研究者认识到球板的优劣对技术影响极大，"我国乒乓，虽有十余年之历史，但其发达，仅有五六年。乒乓用具，需要骤增，各书局及运动器具公司，尚无完美用具之出售。所有者，仅轻薄有洞，弹力薄弱，古旧不堪之球板，联合会早已不用。然初学者，不知球板之优劣，尚纷纷购用，一般商贾，只知保守不思改良……"③

有鉴于此，时任全国乒乓球联合会主席林泽苍于1923年创设三合公司，专售合乎标准的乒乓用具。所有三夹四夹五夹板等，均按乒乓规则，乒乓板长不得过八寸，阔不得过七寸（柄不在其内），板用木制不得夹以橡皮、纱布等类。同时对球网、网柱和球也做了要求，"乒乓球种类颇多，远东运动大会

① 曾廼敦.乒乓[M].上海：商务印书馆,1933:1.

② 俞斌祺.乒乓训练法[M].上海：勤奋书局,1931:11—13.

③ 俞斌祺.乒乓训练法[M].上海：勤奋书局,1931:9.

规定应用P·A·球。由于价值甚昂，故现在多用杂球。球之重量，为一两之十三分之五至一两之十三分之二五，周圆为四寸十六分之十一，弹力以离台五尺高处下坠而跃起离台二尺五寸至二尺八寸为度。"[1]几乎同时，其他商家也从其中窥到巨大商业价值，纷纷制造相应器材，供爱好者选购。

五、近代中国乒乓球规则的形成

（一）乒乓球诞生阶段比赛规则的演变

乒乓球诞生阶段没有统一的器械和组织，也没有出现标准记分法。直到1926年，第1届欧洲乒乓球锦标赛的组织者从伦敦弗里特大街附近的小礼堂礼仪厅向各国发出请帖。当时，印度代表对比赛名称提出异议，国际乒联当即决定改名，并在赛后追认这次比赛为第1届世界乒乓球锦标赛。自此以后，乒乓球运动成了一项正式的比赛项目。

1926年第1届世乒赛比赛情况如下：比赛时间是1926年12月6日至12月11日，共6天，比赛采用21分一局记分法。乒乓球比赛项目设男子团体、男子单打、男子双打、女子单打、混合双打五个项目。比赛分散在几个小厅举行，比赛使用的是"甲古"牌乒乓球和"特马"牌球台，网高17厘米，长160厘米。比赛前没有编印秩序册，因而所有运动员都必须待在场地，以便听候裁判员的临时安排，随时到场地进行比赛。比赛服装不做要求，运动员比赛时衣着各式各样——男子都穿长裤，有的穿毛衣，有的穿着西服打着领带，更有一些女运动员甚至穿着大长裙子参加比赛。没有一个运动员是穿运动鞋的，有几个运动员甚至穿着不适合运动的皮鞋就直接上场比赛。

由于标准记分方法、统一器械还未出现，这股"乒乓热"很快就消失了。世界乒乓球运动的复兴是在第一次世界大战之后，英格兰和威尔士建立了全国性协会，采用了相同的规则，这些规则经过修改后，成为后来世界乒乓球比赛的基础。20世纪20年代初这两个协会进行了交流，随后，奥地利、捷克斯洛伐克、丹麦、德国、匈牙利、印度、瑞典等国纷纷建立乒乓球协会。在

---

① 李荣芝,肖焕禹.乒乓球在近代中国的传入及发展[J].成都体育学院学报,2012,38(5):5.

举行多次乒乓球邀请赛后，乒乓球运动逐渐受到重视，被视为体育运动。

（二）国内及中日乒乓球规则的初步制定

当乒乓球传入中国，早期开展乒乓球比赛的时候，由于国际上也无统一的规则可以参照，所以尚无乒乓球规则可以应用。"室内游戏之事，张网于长方形之桌上，其规则则与网球同，惟拍子用木板，而球则以明角等质料为之，轻而不能及远。"①其比赛方法及规则等，均参照网球比赛。初期阶段比赛规则大多临时指定，比赛时候不但拍子的重量、大小、形状等均无规定，至于最为重要的器材——球台的长宽高低，也常因人而异，往往利用现成的桌面，球的质量也差，有所谓的"单双料"之分，每场比赛往往要打坏很多球②。

我国深知乒乓球规则的重要性，"球类规则，非常重要，所以各种球类像足球、篮球、网球、棒球和排球等都有一定的比赛规则，体育家没有一个不是当他做金科玉律的，差不多像国家的法典一般。乒乓比赛，当然也不可没有规则。查乒乓规则的订立，各国都有，不过订立的年代还没有长久，而精密完备的乒乓规则，那还是在最近数年内方在订定的。"③有鉴于此，1923年在我国的第一个乒乓球组织——上海乒乓球联合会成立大会上，由胡铁吾及林泽苍担任会长，扩充会务，不遗余力。上海乒乓球联合会通过了制定乒乓球规则的决议，同时委托会长胡铁吾、林泽苍以及青年会日校乒乓会代表许立卿三人作为起草乒乓球规则的委员。乒乓球规则在1924年3月1日召开的上海乒乓球联合会春季会上全体讨论并通过，并于1924年9月1日在林泽苍主编的《乒乓规则》（并附有英文版本）上发表。1925年，当"秋山杯"乒乓球赛得到了中日双方的响应后，中日两国还没有统一的乒乓规则，于是我国派代表胡铁吾，会同日本的城户先生编订比赛规则及各项办法，以供比赛时应用。这种规则虽还是临时性质，不过也算是我国正式的最早的乒乓球规则了。

全国除了上海已经初定乒乓球规则外，国内其他城市也开始制定相应的

① 王倘,古梅,王叔明.中国教育辞典[M].上海:中华书局,1928:925.

② 崔乐泉.中国近代体育史话[M].北京:中华书局,1998:222.

③ 中国体育社.最新注释乒乓球规则[M].上海:三民图书公司,1932:8—9.

规则，以指导比赛的进行。1933年《体育画报》就报道了天津乒乓球比赛规则，其划分较详细，有42条要目，其中规定"乒乓球桌面长九英尺，阔四英尺八寸；桌高二英尺七寸；桌面需用坚硬的木料为之，以标准球字离桌五尺高处下坠之台上，须有平均二尺五寸至二尺八寸之高弹力性。桌面须平滑，板之厚度在一寸半之间。桌面须涂以深绿色颜料（Dark Green）不宜加漆，并涂以四分之三寸阔之白线于桌边之四周，然漆后需用不影响球之弹性。乒乓球室内之空隙，须离桌面两端各十英尺，两旁各六英尺，自桌面之天花板九英尺。发球范围平方三尺八寸，一段与阔底线相接，围绕发球范围变现须具下列各线……等等"[①]。

（三）国际乒乓球规则的制定

民国早期，提倡乒乓者，日盛一日，而完美之规则，尚未制定。规则混乱导致的纷争逐渐增加，规则的统一及标准化愈加重要。有鉴于此，中日两国特于1927年2月22日，召集各国代表，进一步商议乒乓规则。当时中国代表为俞斌祺（中华全国乒乓球联合会主席委员）等4人，日本代表为九岛福太郎（日本全国桌球协会干事）等4人，以及美国代表爱格来（顾问）、英国代表霍金氏（顾问）等。

这些乒乓球运动的专家专门讨论了乒乓球运动的规则。它包括比赛方法、比赛制度、比赛规模等[②]。在第八届远东运动会上，第一次应用这种乒乓球规则，博得各国运动员的赞誉。因此有人把此次制定的规则称为"中日协定标准乒乓规则"，也有称它"万国乒乓规则"的。1937年，开始限制比赛时间：在进行乒乓球单打比赛时，一场三局两胜的比赛时间不超过1小时，一场五局三胜的比赛时间不超过1小时45分钟。禁止使用"卡拉尔"式发球方法：即抛出时不得用手指捻动球故意制造旋转后再击球，而要将球置于手掌上[③]。1947年，规则要求发球时将球向上垂直抛起，手掌伸平，对发球技术要求更严。

① 天津乒乓球比赛规则——一个修正案[J].天津：体育周报，1933，2(4)：11.

② 俞斌祺.乒乓球训练法[M].上海：勤奋书局，1949：25.

③ 潘华云，朱襄宜.普通高校乒乓球竞赛规则选修课指导方向研究[J].湖北体育科技，2013，32(12)：1130.

第三章　新中国成立后的乒乓球运动

第一节　乒乓外交

"乒乓外交"指1971年中国邀请美国乒乓球队访华事件。中美两国乒乓球队的友好往来，不仅推动了中美两国关系正常化的进程，也加速了新中国走向世界的步伐。

新中国成立之后体育事业得到前所未有的发展。其中，技巧类体育竞赛项目较早、较快得到发展，成为中国人延续至今的优势项目，如乒乓球、羽毛球、体操、射击等运动项目。

中国体育事业的蓬勃发展和乒乓球竞技水平的崛起是分不开的。新中国首位世界冠军是容国团，他在第25届（1959）世乒赛上取得了乒乓球男子单打冠军，邱钟惠在第26届（1961）世乒赛上取得了女子单打冠军。在第26届（1961）、27届（1963）、28届（1965）世乒赛上，中国乒乓球队连续三届蝉联男团冠军。中国乒乓球队的竞技水平在20世纪50年代末至60年代中期已经走上了世界乒坛的巅峰，在体育竞赛对外交流中已经成为国际社会瞩目的焦点。

因"文化大革命"的影响，中国乒乓球队在蝉联三届世乒赛男团冠军之后缺席了第29届（1967）、30届（1969）两届世乒赛。受日本乒乓球协会邀请，中国乒乓球队决定参加1971年4月在日本名古屋举行的第31届世乒赛。1971年3月临行前，周恩来总理提出"友谊第一、比赛第二"的方针。因此，庄则栋才会以前世界冠军的身份勇敢地和"上错车"的美国队员科恩握手、寒暄，并赠送一条杭州织锦作为礼物。体育工作指导方针的变化，促使庄则栋敢于将"友谊"这一体育人文精神展现于美国队和其他参赛队面前。据庄则栋回忆，在第25届世乒赛期间，中国乒乓球队已经邀请了加拿大、墨西哥乒乓球队来华访问。由此可见，体育已经是当时中国对外进行国际交流的媒介。

早在1956年东京举行的第23届世乒赛上，中国运动员除了展示乒乓技艺外，还肩负着向日本等国人民表达中国人民善意的任务。自此，中国乒乓球队已经开始肩负起对外交流的重任。

在特定的历史时期，以"参与国际体育竞赛、展示中国文化、增进相互了解"为目标的中国体育代表团理应承担起与世界各国增进友谊的历史责任。国家利益需求是"乒乓外交"发生的根本性前提，富于政治头脑的庄则栋是"乒乓外交"发生的逻辑起点，国家领导人的英明决策是"乒乓外交"发生的关键，中国乒乓球队的辉煌成绩是"乒乓外交"发生的铺路石，体育竞赛的同质性构建了"乒乓外交"发生的公共交往平台①。

乒乓球作为中国的"国球"，在国际乒坛有着重要的影响力，以乒乓球竞赛为媒介展示传播中国体育文化、促进国际间交流是乒乓球运动承载的历史责任。在特殊历史时期，中美双方都有改善双边关系的意向，以庄则栋、科恩为代表的运动员建立友谊，使中美两国关系开启破冰之旅是世界文化交流和中美两国利益集中体现的必然结果。

① 徐君伟,马艳辉,孙薰茜,等.论中美乒乓外交发生的历史逻辑及现实启示[J].南京体育学院学报,2015,29(5):53.

第二节　乒乓球规则改变对技战术的影响

乒乓球运动非常受我国人民的喜爱，乒乓球被誉为中国的"国球"，是人民健身与娱乐的主要活动方式之一，是一项非常普及的体育运动。乒乓球运动从诞生至今之所以能够经久不衰，最主要的原因就是乒乓球规则在不断地演变，导致乒乓球运动技战术不断发展，而乒乓球运动技战术的不断发展反过来又影响着乒乓球运动的规则演变。它们是相互促进又相互制约的。

当勇于创新的运动员创造出一种新的技战术后，其他运动员对这种新的技战术总会有一段认识、了解及适应的时间和过程。这种新的技战术的首创运动员在其他运动员适应的过程中则保持相当高的水平，占有很大的优势。

乒乓球比赛之所以能顺利进行，最重要的原因就是有乒乓球比赛规则的限制与约束，乒乓球比赛规则既反映乒乓球运动技战术发展的合理性，又引导和促进乒乓球运动技战术不断向前发展。乒乓球比赛规则的不断演变，既缓解了比赛中阶段性出现的攻防矛盾，又能吸引更多的观众，提高乒乓球比赛的可观赏性。乒乓球比赛规则的不断演变，充分体现了乒乓球比赛在裁判员判罚时的公平性，比赛过程的合理性，比赛结果的公开性、公正性，这正是乒乓球比赛规则在不断演变的过程中所体现的精神所在[1]。

研究乒乓球比赛规则的变化并且能够很好地适应新规则是乒乓球运动员取得优异成绩的前提。因此，越来越多的学者对新规则的实施及实施后所带来的一系列变化进行认真研究与分析。早在20世纪90年代，我国已经有研究者就"小球变大球"对乒乓球运动所带来的影响进行了研究。胡跃华和陈小华对发球新规则进行了研究，对在新旧发球规则制约下，发球时的不同站位和不同方式进行了比较分析[2]。

吴俊心就"小球变大球"这一规则的改变对乒乓球运动技战术所带来的

① 徐梅.关于规则演变对乒乓球运动技战术发展影响的研究[D].济南:山东体育学院,2012:1.

② 胡跃华,陈小华.从乒乓球发球规则的修改看发球技术的新变化[J].武汉体育学院学报,2002(4):75.

影响和在比赛中11分制的实施带来的挑战进行了研究与分析。结果指出，运动员要清醒地认识到新的比赛规则对乒乓球运动技战术的发展趋势、乒乓球运动的发展方向及乒乓球运动发展的基本规律的影响。但总体上看，它不会改变乒乓球运动员在比赛过程中的取胜之本[①]。所以，教练员在平时的训练中切忌舍本求末，盲目追求技战术的变化，而忽略基本功的训练。

吴焕群、张晓蓬认为大球取代小球后，在比赛中乒乓球的速度和旋转都降低了。由于限制了球速和旋转，所以力量型运动员在这一改革后占有很大的优势[②]。所以在乒乓球的大球时代，力量素质训练显得尤其重要。11分赛制的实施，增加了乒乓球比赛的突然性与偶然性。每局比赛中，运动员每两分交换一次发球权，所以运动员很难预测比赛中对手的技战术变化，在这一规则下乒乓球运动员必须将技战术与心理素质紧密结合起来。11分赛制实施后，乒乓球比赛主要的变化特点是比赛节奏加快。乒乓球新的发球规则，使发球方发球直接得分率降低，接发球方不再处于明显的被动地位。

乒乓球比赛规则的演变与乒乓球运动技战术的发展是相辅相成的，它们既相互促进又相互制约。乒乓球比赛规则的不断发展与改进指引着乒乓球运动的发展方向和趋势，能够很好地限制乒乓球运动发展的任意性，使其发展更具有方向性。研究者们对乒乓球比赛规则的演变过程展开研究的真正目的就是使乒乓球运动能够吸引更多的观众，使其更受广大人民群众的喜爱，在体育运动已经非常商业化的今天，使乒乓球运动更受社会新闻媒体与大众的支持。

一、1950—1988年乒乓球规则改变对技战术的影响

1951年，海绵球拍的使用，提高了击球的速度和旋转，使发球技术得到很大的提高。发球更加稳定，落点的控制更加准确。速度快，声音小，加大削球的下旋，出现了侧上（下）旋相结合。发球反弹速度快，摩擦力增大，

① 吴俊心.新赛制对乒乓球技、战术的影响及对策[J].山西广播电视大学学报,2002(2):46—47.

② 吴焕群,张晓蓬.40 mm乒乓球对比赛状态的影响[J].天津体育学院学报,2000(3):65—66.

出现了快点、快攻、突击、扣杀等一系列新技术。1953年，合力发球属于违规。禁止合力发球，限制发球的威力，对防守有利。1959年，乒乓球拍的拍面上必须覆盖胶皮，可以是正胶粒胶皮，也可以是反胶粒胶皮，其中海绵和胶皮的总厚度不超过4毫米，胶皮的厚度不超过2毫米。海绵变厚，胶皮变薄，弹性增强，技术难度更大。

1961年，取消限制比赛时间10分钟的规定。1965年，规定发球时将球向上抛起，近似垂直，手掌张开，当球下降时才可击球。取消了发球时球拍与球接触时的击球点"在边线延长线以内"的发球方法。高抛发球技术出现，有了明确的发球技术规格，限制了发球技术的隐蔽性和突发性。1967年，规定发球时球必须向上抛起，不得超过垂直线45度角，发球技术要求更高。1969年，再次强调发球时，当球拍触球瞬间，球应在发球员一方端线及其假设延长线之后。限制球台内发球技术的使用。

1972年，规定发球时球在离手时抛球手应高于台面。规定轮换发球法：当一局乒乓球比赛进行到十五分钟（比赛中断的时间不含在内）还没有结束时，裁判员应宣布"时间到"，并暂停比赛，余下比赛要轮换发球，发球员除发球一击外，只能击球十一次。如果第十二次击球后还未能取胜，则判对方得分。只有在比赛结束交换方位时，或在规定的休息时间内，运动员可以接受场外指导。发球前三板技术出现，进一步发展和创新了高抛发球技术，强调击球技术的攻击性。

1973年，裁判员对发球有问题的运动员可出示蓝色卡片（蓝牌），作为引起其注意的正式示意方式。1974年，规定发球次序：由"打到20平时，每得一分就换发球"改为"打到20平或执行'轮换发球法'时，每得一分就换发球"。"还击"的新规定：当对方击来的球落到本方台面后，由于球本身的旋转而又越过或绕过球网返回时，在球尚未触及对方台面，运动员可以随时过网还击，使球落到对方台面。取消"影响对方还击（如阻挡对方等）判对方得分"的规定。除第三、四局外其他各局，运动员可要求不超过一分钟的休息，运动员可以在任何法定的休息时间内或经准许的暂停时间内接受场外指导。裁判员的新规定：一场比赛通常设置主裁判员一人，副裁判员（兼边线裁判员及计时员、计数员）一人，也可不设副裁判员而增设场外计分员一人。发球技术和攻击技术要求更高，技术与耐力、战术结合更密切。

1975年，乒乓球运动员在发球时必须让裁判员看清发球是否正确，运动员挡住裁判员的视线时应予以警告，再次挡住裁判员视线导致裁判员无法判别时，则判发球员失一分。因此，对发球技术的规范性要求更高。

1979年，规定球网应柔软并呈暗绿色。网顶应标有宽度不超过15毫米的白边。网眼为正方形，每边长7.5～12.5毫米。网柱直径不超过22毫米。球从30.5厘米的高度落到标准的钢板上，其弹起高度应为22～25厘米。球拍边缘上的包边不能为白色或明显反光。场地规定：每张球台的比赛场地，长14米，宽7米，净空高4米。关于阻挡的定义进行了重新界定：对方击来的球尚未触及本方台面，在越出端线或边线上空之前即触及本方运动员或其穿戴的任何物品（不包括拦击），叫作"阻挡"。拦击：一方击球后，球在没有落到本方台面前就触及了对方手中握的球拍或执拍手，叫作"拦击"。发球时，持球的不执拍手应始终在比赛台面的水平面以上。这些规则的变化导致对场地器材要求更高，对发球技术要求更高。

1982年，禁止运动员背向对手发球，不许跺脚，要求球拍两面用不同的颜色，不准用没有覆盖物的一面击球。球拍底板应是木质的，底板至少85%是天然木料，而且黏合层不超过总厚度的7.5%，或是0.35毫米。因此，乒乓球发球的隐蔽性减弱，开始限制发球，技术与球拍的结合更紧密。

1983年，规则规定在发球时球拍和执拍手必须放在球台的水平面上。发球后，球被击中时同球网之间的距离不得比网同身体之间的距离更远。发球员发球时跺脚，发球员将失一分。

1986年，规定球拍必须有覆盖物，发球必须上抛16厘米以上。球的要求改变为：标准球从离台面30厘米的高度落到标准的钢板上，弹起高度应为23厘米。取消了"从网柱外缘处量球网及网柱长度应为1.83米"。球的直径由37.2～38.2毫米改为38毫米。球重由2.40～2.53克改为2.50克。取消一局一胜制。

1987年，规则规定只有在换发球时方能擦汗，第三、四局之间休息时间为2分钟。球要近乎垂直地向上抛起，球离手后最少上升16厘米，取消了45度角的规定。

此阶段乒乓球竞赛规则演变特点如下：在比赛中开始使用21分计分法。比赛使用的球台越来越大，球网的高度越来越低。对比赛时用的球拍要求更严格。采用轮换发球法，并且逐渐取消了比赛用时的限制。对运动员发球提出的要求越来越严格。在比赛过程中运动员可以接受场外指导，增加每局比赛之间的休息时间。对比赛用球的要求更高，标准更加规范。对接发球运动员的要求越来越高。

此阶段，越来越多的人参加到乒乓球运动中来，规则的修改越来越频繁。修改的内容主要集中在发球规则及球拍的规范方面。20世纪50年代开始使用海绵拍，由于海绵拍击球时速度比较快，有利于运动员攻球技术的发展，从而创新出了旋转球、弧圈球。为了更好地促进乒乓球运动的发展，对器材改革后，又紧接着对发球规则进行了修改。时间一长，运动员慢慢适应了新规则，乒乓球比赛又开始缺乏观赏性慢慢进入乏味阶段。因此，国际乒联对比赛时间做出了限制，提出了更合理、更科学、能使比赛更具有观赏性的适宜的比赛时间，结束了曾出现在第10届世乒赛男子团体决赛中的那种"马拉松"式的乏味的比赛阶段。

至此，乒乓球技术发展变化特点是发球技术逐步透明化、规范化。如高抛发球的出现、发球禁止背向对手、必须要让裁判员看清楚等，都体现了对发球技术的要求是逐步提高的。乒乓球技术的变化主要是与器材的改革、球拍和球的改革息息相关。"工欲善其事，必先利其器"，从原始的木板拍，到胶皮拍、海绵拍，随后是正胶海绵拍，又派生出生胶、长胶、防弧等。随着球拍工具不断演变、更新，必然出现许多新的技术动作，使乒乓球运动呈现百花齐放、百家争鸣的各种流派打法，朝着更激烈、更精彩、更有观赏价值的方向发展。技术与耐力、战术结合更紧密，这对运动员的体能提出更高要求，技术与战术的结合在此阶段得到更好的体现。

二、1989—1995年乒乓球规则改变对技战术的影响

1989年，《乒乓球裁判法》规定裁判员和副裁判员均有权判决发球动作是否合法。1990年，规定球台的"端线"包括球台两端的无限延长线。合法击球增加对不执拍手的限制：不执拍手除了应在比赛台面的水平面之上，还应在发球员的端线之后与球接触。

1991年，规则规定了乒乓球场地应使用橘红色的塑胶面。球可以用黄色，球台由一开始的墨绿色变成黑色后又变成淡蓝色。同时将男子团体赛传统的九局五胜制改为五局三胜制。取消"发球踩脚判失一分"和发球被怀疑出示"蓝牌"警告。发球时乒乓球必须静止地停放在不执拍手（手掌张开）的手掌上[①]。

1992年，规则增加如果有两名副裁判员，每名副裁判员只对一方运动员的发球进行判罚。无论球拍的两面是否有覆盖物，球拍表面的两面颜色必须一面为鲜红色、一面为黑色。

1994年，禁止使用液体胶水。规定参加比赛的乒乓球运动员短袖衫的广告总面积不得超过40平方厘米。新规则的定义中只出现了"阻挡"，而没有对"拦击"做规定，即当球处于比赛状态时，不管用什么部位触球（包括球拍及运动员自身的身体及所带的东西），均属阻挡。

1995年，规则规定球拍颜色：不管乒乓球拍的两面是否有覆盖物，必须是无光泽的，且两面颜色不同，可以采用鲜红色和黑色。改副裁判员为裁判助理，取消了比赛状态的说法。规定一场比赛应连续进行，但在局与局之间，任何一名运动员都可以要求休息，但休息时间不能超过两分钟。如果一局比赛进行到15分钟时仍未结束，但双方都已获得至少19分时，不实行轮换发球法。

此阶段乒乓球竞赛规则演变特点如下：改变对场地、器材的传统规定，对其颜色的要求更加明确，对服装颜色也做了要求。在此阶段赛制改变较大，

---

① 刘淑英.运动竞赛规则的本质特征、演变机制与发展趋势[D].苏州:苏州大学，2008:63.

对裁判员及副裁判员的职责也有了规定。对比赛中的发球技术、使用的场地、运动员用的球拍及穿的服装等方面都做了修改。

规则的变化引起乒乓球技战术变化，技术与战术的结合更加紧密。由九局五胜制到五局三胜制赛制的改变，对运动员战术运用提出更高要求。国际乒联的每一次规则变化，都对乒乓球运动的发展起到了一定的推动作用，越来越多的人喜欢乒乓球运动，国际乒联的会员国越来越多。因此，乒乓球比赛规则的演变过程本身就是不断完善乒乓球运动及其技战术的过程。

三、1996年至今乒乓球规则改变对技战术的影响

1997年，球拍覆盖物可用压力敏感胶纸或不含禁用成分的黏合剂进行黏合，球拍弹力的变化导致技战术的改变。1998年，限制长胶的使用，正胶胶粒的粒高和粒顶直径之比，由1.3改为1.1。限制快干胶水的使用，从而限制发球的旋转和速度。

2000年10月1日后使用40毫米的大球，球重2.7克。球的颜色为白色或橙色。对击球的力量要求更高，要在限制球速和旋转下降的情况下保持进攻的威胁性，就要更加重视击球时腰、腿和全身的协同用力并加大击球时大臂的动作。限制了直拍进攻，出现了更多采用弧圈球技术的新型直拍快攻技术，直拍横打技术也得到了发展。

2001年9月1日后使用每局11分制，2分换发球，10平后，先夺得2分的一方为胜方。如果一局比赛进行到10分钟后仍未结束，应实行轮换发球法。单打五局三胜制改为七局四胜制，对发球技术要求更高，强调技术的攻击性，鼓励特色技术的发挥。

2002年，实施无遮挡发球，发球技术更加开放和透明，下蹲式发球增多。规范正手位发球，发球抢攻技术受到限制，使正手和反手都必须具备同等条件的进攻能力，正、反手技术趋于平衡。加强了相持技术，两面弧圈球接发球技术得以发挥。

2004年，奥运会对乒乓球双打比赛做出了新规定：来自同一个国家和地区的双打选手在比赛进行的过程中只能处于场地的同一半区。

2006年，参加比赛的运动员不得使用含挥发性有机胶水的黏合剂，导致球速和旋转再次减慢，对运动员的力量素质要求进一步提高，要求运动员提高相持阶段的能力。

此阶段乒乓球竞赛规则演变特点如下：小球变大球，对球的质量及大小都做了要求，规则要求更高，更规范。实行新赛制，每局11分制，使比赛更激烈，更具观赏性。实施无遮挡发球，要求发球完全开放、透明，降低了发球的威胁性，避免运动员从发球中获得不正当利益。无机胶水的使用，使乒乓球比赛更绿色、更健康。

随着乒乓球运动进入职业化阶段，乒乓球运动商业化更为明显。为了方便电视现场转播，赢得更多的商业价值，国际乒联决定在比赛中开始执行11分制和七局四胜制的比赛方法，乒乓球比赛规则的这次重大改变比大球改革带来的影响还要大。在乒乓球运动的大球时代，降低了乒乓球的旋转强度，从而增加了比赛时双方运动员击球的回合数，能够吸引更多的观众，提高乒乓球运动的观赏性[1]。

规则的改变，对运动员的运动素质、心理素质要求更高。如实行每局11分，增加了比赛的偶然性。要求运动员从比赛开始就要全力投入比赛，调整好心理状态，特别是在比分落后或失分的情况下更要保持稳定的心态。

第三节　世界乒乓球运动实力格局

自1926年第1届世乒赛举办以来，乒乓球运动在器材的改进、规则的演变、赛制的变更以及技战术打法的创新等因素的推动下不断向前发展。然而，值得注意的是进入21世纪以来，国际乒联为了能更好地普及乒乓球运动、捍卫乒乓球在国际体育大家庭的地位，相继对乒乓球运动竞赛规则或赛制进行了"小球变大球""21分改成11分""无遮挡发球""有机胶水的禁用"和"参赛名额的限制"等5项重大的改革。

---

① 杨李丽.20年来国际比赛规则的演变对乒乓球运动发展的推动[J].哈尔滨体育学院学报,2002,20(2):111.

纵观世界乒乓球运动发展史，这一系列的改革力度之大、速度之快，令人惊叹。这一方面体现了国际乒联迫切希望改变乒乓球运动现状的愿望和决心，另一方面从深层反映出当今世界乒乓球运动所处的困境。袁玉峰对世界乒乓球三大赛事（世界乒乓球锦标赛、奥运会乒乓球赛和世界杯乒乓球赛）的冠军归属进行了统计和分析，揭示了世界乒乓球运动实力格局的发展态势。同时分析了第52届巴黎世乒赛男、女子单打前4名比赛的录像，以运动员技战术运用手段和实施效果为视角，探索和展望了当今世界男、女子乒乓球运动技战术发展的特征和趋势[①]。

一、世界乒乓球运动发展的实力格局

世界乒乓球锦标赛、奥运会乒乓球赛和世界杯乒乓球赛是乒乓球业内人士公认的世界乒乓球运动三大赛事。自这三项赛事相继举办以来，共产生了442枚金牌，分别由20个国家获得（朝韩联队获得1次）。在获得金牌的国家和联队中，欧洲有15个国家，亚洲有5个国家（朝韩联队获得1次），而美洲仅有美国一个国家染指过金牌。由此看来，欧洲获得乒乓球运动三大赛事冠军的国家在数量上占绝对优势。但从金牌获得的具体数量来看，亚洲获得255枚，占57.7%；欧洲获得178枚，占40.3%；美洲仅获得9枚，占2.0%。这也能够清晰地反映乒乓球作为世界竞技运动项目开展以来，宏观上主要还是欧洲和亚洲两大实力集团之间的博弈，而这两大实力集团恰恰正是推动世界乒乓球运动不断向前发展的原动力。

二、男子项目实力格局发展态势

据统计，从1988年第24届奥运会乒乓球被列入正式比赛项目以来，在7个奥运周期中，世界乒乓球运动三大赛事男子项目共产生了95枚金牌，其中男单51枚（亚洲34枚，欧洲17枚，分别占男单金牌的66.7%和33.3%），男双20枚（亚洲18枚，欧洲2枚，分别占男双金牌的90%和10%），男团24枚

① 袁玉峰.世界乒乓球运动实力格局及技战术发展趋势研究[J].韶关学院学报，2015,36(4):51.

（亚洲20枚，欧洲4枚，分别占男团金牌的83.3%和16.7%）。由此纵向比较来看，亚洲男子乒乓球各项目相对竞争实力由强到弱依次为男双、男团、男单。而欧洲男子乒乓球各项目相对竞争实力由强到弱则依次为男单、男团、男双。1992—1995年，欧洲所有的男子乒乓球项目均呈现出下滑的态势，其中男双下滑最为明显，其次是男团和男单。

值得注意的是，欧洲男子双打和团体项目分别从1992年和2000年至今，无一问鼎世界乒乓球三大赛事的冠军，而欧洲唯一能和亚洲乃至中国抗衡的男子单打项目，近些年随着萨姆索诺夫、波尔等运动员年龄增长及竞技状态下滑，逐渐失去了竞争力，这也预示着欧洲男子乒乓球项目有进一步下滑的趋势。亚洲男子乒乓球项目竞争实力总体上则呈上扬的态势，其中上升趋势最为稳定的是单打项目。而双打项目在2004—2007年后呈下滑的趋势，主要原因是赛事项目的变更，导致双打金牌数减少。例如，2008年北京奥运会双打项目改为团体项目。总的看来，宏观上世界乒乓球男子项目"欧亚两极分庭抗礼"的实力格局，时至今日已完全发生了变化，取而代之的是以"亚洲为重心，东亚为轴心，中国为核心"的新格局确立①。

三、女子项目实力格局发展态势

据统计，自1988年以来，世界乒乓球运动三大赛事女子项目共产生85枚金牌，其中中国选手获得了80枚，占金牌总数的94.1%，其余的5枚分别是韩国2枚，朝韩联队、俄罗斯和新加坡各1枚。由此看来，昔日一度被业内人士认定的欧亚对抗的世界乒坛格局，其实在女子项目上早以荡然无存。现今的欧洲女队已完全没有与亚洲抗衡的能力。可以想象欧洲女子项目再想重温世界乒乓球运动发展初期时的辉煌，所要走的路应该比欧洲的男子乒乓球项目更遥远、更艰巨。

自1996年以来，世界乒乓球三大赛事上，中国女队仅失去一枚团体项目金牌，而这枚金牌还是旁落到了拥有"海外兵团"的新加坡女队手中。随着李佳薇退役、冯天薇等年龄增长以及国际乒联2008年9月实施的"海外兵团"

---

① 陈启湖.北京奥运会乒乓球比赛综合分析[J].体育文化导刊,2009,28(4):33.

中
国
乒
乓
球
运
动
发
展
史

048

限令效果的凸显，那些完全依靠"海外兵团"为主力的队伍，也只是昙花一现，其整体的竞技状态和实力明显下降。而东亚一些国家，尤其是日本，因较为注重本土后备人才的培养，近些年来成绩稳步上升，虽然当前还没有绝对的实力挑战中国女队的霸主地位，但其潜在竞争实力则不容忽视。

今后世界女子乒乓球运动将在相当长的时间内形成以中国、日本、韩国和朝鲜等国家为垄断力量的集团，当然中国队也以其骄人的战绩和绝对的统治地位居集团之核心①。

世界乒乓球运动总体呈现"以东亚为中心，辐射各大洲"的态势。亚洲，尤其是东亚，是世界乒乓球运动发展的中心。中国、韩国、日本、朝鲜等国家是亚洲传统乒乓球强国。而新加坡等国家由于引进了优秀的原中国籍选手，成了乒坛崛起的新贵，但是总体呈现后备人才匮乏、青黄不接的萎缩现象。随着上一代运动员逐渐淡出，瑞典、德国、比利时、法国、奥地利等一些传统乒乓球强国已难以与中国队抗衡。非洲、美洲和大洋洲虽然也积极参与到乒乓球运动中，但由于经济、地域及文化等因素差异，目前的参与人数和竞争水平都不高②。

第四节　现代乒乓球赛事

乒乓球比赛在现代社会随处可见，有社区、街道、乡镇一级的比赛，也有省市一级水平较高的各项赛事，大中小学校也有乒乓球比赛。既有群众参与的以大众健身为目的的乒乓球比赛，也有专业运动员参与的专业竞技乒乓球比赛。全国性的乒乓球比赛有全国运动会乒乓球比赛和全国乒乓球锦标赛，以及中国乒乓球俱乐部超级联赛，它们是全国最高水平的乒乓球比赛。

总之，现代乒乓球比赛在我国比较常见，开展次数也较多。放眼全球，乒乓球赛事在国际上主要有世界乒乓球锦标赛、奥运会乒乓球赛、世界杯乒

---

① 于文谦,荆雯.乒乓球运动非均衡发展的地缘文化探究[J].西安体育学院学报,2012,29(3):314.

② 张轶.世界乒乓球运动历史演进与发展格局之研究[J].体育世界(学术版),2016(1):14.

乒球赛、国际乒联职业巡回赛等。

一、世界乒乓球锦标赛

世界乒乓球锦标赛（简称"世乒赛"）由国际乒联授权比赛地乒乓球协会主办，具有广泛的影响力。

世乒赛设有男女单打、男女双打、混双以及男女团体共七项赛事。首届世乒赛于1926年在英国伦敦举行，从1957年后改为每两年举办一次。它与世界杯乒乓球赛、奥运会乒乓球赛并称为"世界乒乓球运动三大赛事"。

1926年1月，在德国柏林举行了一次国际乒乓球赛，共有9个国家的64名男运动员参加了比赛。在比赛同时召开的参加国代表会议上，在德国勒赫曼博士的倡议下，决定举办欧洲乒乓球锦标赛并建议成立国际乒联。同年12月，国际乒联正式成立，并把在伦敦举行的欧洲乒乓球锦标赛命名为"第1届世界乒乓球锦标赛"。当时英国的《泰晤士报》对决赛做了报道并给予好评。此后几十年的时间里，世界乒乓球运动及世界乒乓球锦标赛经历了几个重大的发展阶段：

第一阶段（1926—1951）：欧洲乒乓球运动的鼎盛时期。1926至1951年共举行了18届世乒赛。这一阶段，欧洲队占绝对优势。在这期间，规则的改变和器材的改革，有力地促进了乒乓球技术的发展。

第二阶段（1952—1959）：日本队震动世界乒坛。日本乒协于1928年加入国际乒联，1952年首次参加世乒赛，一举夺得男单、男双、女双、女团4项冠军。又在第21届至25届世乒赛中蝉联男团冠军，并多次获得男单、男双、女单、女双、混双5个项目的冠军，共计24项。尤其是在1954年的第21届世乒赛上，日本男女队同时获得团体冠军。到了第25届世乒赛，日本队又夺得6项冠军。日本队的赫赫战绩，使乒乓球运动的优势从欧洲转到了亚洲。

第三阶段（1959—1969）：中国队崛起，朝鲜队崭露头角。1959年，中国运动员容国团在第25届世乒赛男单比赛中连续战胜了多位世界高手，为中国夺得了有史以来的第一个乒乓球世界冠军。1961年至1965年，中国队又以独特的打法，夺得11项冠军。其中在1965年的第28届世乒赛中，中国队夺得5

项冠军，达到了中国乒乓球队有史以来的第一个高峰；也标志着中国男女队均已进入世界顶尖行列。由于"文化大革命"的影响，中国队没有参加第29、30届世乒赛。在第29届世乒赛中，朝鲜男队连续打败了多支欧洲强队，夺得了团体亚军，朝鲜女队也成为世界强队之一。

第四阶段（1971—1979）：欧洲队复兴，中国队重整旗鼓。第31届世乒赛上，欧洲涌现出一大批有实力的年轻选手，如瑞典队的本格森、匈牙利队的约尼尔、克兰帕尔，南斯拉夫的舒尔贝克、斯蒂潘契奇，捷克斯洛伐克的奥洛夫斯基和苏联的萨尔霍扬等。19岁的本格森连续战胜了中国队和日本队的强手，一举夺得男单冠军。第32届世乒赛上，瑞典男队打破了亚洲保持长达20年之久的团体冠军纪录。到了第33届世乒赛，男单决赛是在约尼尔和斯蒂潘契奇之间进行的。中国队在第33届和34届世乒赛上重新夺回了男女团体冠军。在第35届世乒赛上，匈牙利队在失去男团冠军整整27个年头之后，又从中国男队手中夺走了斯韦思林杯。而南斯拉夫男队在经过25年之后，重新夺得男双冠军。20世纪70年代的5届世乒赛，共产生35项冠军，其中，中国队获得16.5项，匈牙利队和日本队各获得4项，瑞典队获得3项，朝鲜队获得2.5项。

第五阶段（1981—1988）：中国队攀上世界高峰，演变成"世界打中国"的局面。1981年，中国队在第36届世乒赛上囊括7项冠军及5个单项的亚军，创造了世界乒坛由一个国家包揽全部冠军的空前纪录。此后，在第37届、38届、39届世乒赛上，又连续3次夺得6项世界冠军。

第六阶段（1989年至今）：中国队重攀高峰，再创辉煌。自乒乓球项目1988年进入奥运会以后，欧洲乒坛职业化迅速发展，各种比赛频繁举办，加上待遇优厚，极大地促进了欧洲乒乓球技术的发展。"世界打中国"成绩显著：在1989年的第40届世乒赛上，中国队成绩滑至低谷，男队丢了团体、单打、双打冠军。在第41届世乒赛上，欧洲男队囊括了团体前5名。中国男队走出低谷，是从男双项目上最先有所突破的，由第40届世乒赛的铜牌开始，一直升至第42届世乒赛的男双金牌。在第43届世乒赛上，中国队继1981年囊括7项冠军之后，历时14年，又一次夺得比赛的全部7项冠军，真正重攀高峰，再创辉煌。

二、世界杯乒乓球赛

世界杯乒乓球赛是国际乒联主办的世界性高水平乒乓球比赛。开始只设男子单打项目，1996年后增设女子单打项目，每年多在不同地点分别举办男女单打赛事。1990年至1992年，男女双打项目曾是世界杯乒乓球赛项目，但之后就被取消了。世界杯乒乓球赛团体赛现每年举办一次（奥运会年停办）。

首届女乒世界杯于1996年在中国香港举行，除1999年因赞助商原因停办，该项赛事保持一年一度的举办传统。男乒世界杯创办于1980年，所有冠军被中国选手和欧洲选手瓜分，其中中国选手赢得25次冠军，欧洲选手赢得15次冠军。2019年世界杯乒乓球赛团体决赛在日本打响，中国女队3比0战胜日本队捧杯，实现九连冠。同时中国男队3比1战胜韩国队夺冠，这也是中国男队连续八届获得团体世界杯冠军。

三、奥运会乒乓球赛

1988年，乒乓球第一次作为正式项目出现在第24届奥运会的赛场上。至今，在奥运会的赛场上已经连续进行了8届乒乓球比赛。奥运会乒乓球赛原设4个比赛项目：男单、女单、男双、女双。2008年后比赛项目改为男单、女单、男团、女团。奥运会乒乓球比赛的规则使用的是国际乒联最新的竞赛规则。

奥运会乒乓球比赛中单打淘汰赛采用七局四胜制，有一方球员率先赢得四局就可以结束一场比赛了。而奥运会上双打淘汰赛和团体赛采用五局三胜制。

中国队历届奥运会成绩：

1988年第24届汉城（首尔）奥运会：陈龙灿、韦晴光获男子双打冠军，陈静获女子单打冠军。

1992年第25届巴塞罗那奥运会：王涛、吕林获男子双打冠军，邓亚萍获女子单打冠军，邓亚萍、乔红获得女子双打冠军。

1996年第26届亚特兰大奥运会：刘国梁获男子单打冠军，孔令辉、刘国梁获男子双打冠军，邓亚萍获女子单打冠军，邓亚萍、乔红获女子双打冠军。

2000年第27届悉尼奥运会：孔令辉获男子单打冠军，王励勤、阎森获男子双打冠军，王楠获女子单打冠军，王楠、李菊获女子双打冠军。

2004年第28届雅典奥运会：马琳、陈玘获男子双打冠军，张怡宁获女子单打冠军，王楠、张怡宁获女子双打冠军。

2008年第29届北京奥运会：马琳获男子单打冠军，马琳、王励勤、王皓获男子团体冠军，张怡宁获女子单打冠军，张怡宁、王楠、郭跃获女子团体冠军。

2012年第30届伦敦奥运会：张继科获男子单打冠军，张继科、王皓、马龙获男子团体冠军，李晓霞获女子单打冠军，李晓霞、丁宁、郭跃获女子团体冠军。

2016年第31届里约奥运会：马龙获男子单打冠军，马龙、张继科、许昕获男子团体冠军，丁宁获女子单打冠军，丁宁、李晓霞、刘诗雯获女子团体冠军。

四、国际乒联职业巡回赛

国际乒联职业巡回赛由来已久，是国际乒联组织下的一项具有世界影响的国际大型单项体育赛事。一般设立男子单打、女子单打、男子双打、女子双打四个项目，国际乒联的成员协会均可派出选手参赛。每年年终针对该赛季各站巡回赛积分排名靠前的运动员进行的年终赛事称为国际乒联巡回赛总决赛。

国际乒联于1926年成立，逐渐成为世界上最大的单项体育组织之一。本着行动一致、相互尊重并不得对任何组织和个人进行政治的、宗教的或其他任何形式的歧视的原则，国际乒联在世界各地举办了多次大规模的乒乓球比赛。为了适应市场化和职业化的需要，1996年国际乒联推出了乒乓球职业巡回赛。每年度比赛大概为10至15站，分布在各大洲进行，主要目的是为了普及乒乓球运动，让更多的协会都能够参与国际乒联组织的赛事。与世乒赛不同，职业巡回赛参赛人数相对较少，比赛更加紧凑，年末还会根据全年的表现，遴选出参加总决赛的选手，进行最终的王者之战。

国际乒联职业巡回赛常规情况下男女单打各有64名选手、男女双打各有16对组合，采取单败淘汰制，直至决出最后的冠军。个别站比赛中，国际乒联取消双打比赛，改由团体赛代替，同样采取"先循环后淘汰"的赛制产生最后的冠军。

每个成员协会报名人数不限，分资格赛和正赛两个阶段进行。单打资格赛多为小组赛制，每组头名晋级，双打则为单败淘汰制。所有参赛选手将获得参赛证书。

五、亚洲乒乓球锦标赛

亚洲乒乓球锦标赛是亚洲乒乓球联盟最重要的赛事，每2年举办一届。从1952年到1970年，该赛事由亚洲乒乓球总会举办，1970年之后改由亚洲乒乓球联合会举办。

六、中国乒乓球公开赛

中国乒乓球公开赛创办于1988年，现属于国际乒联举办的国际乒联职业巡回赛系列中的一站，每年举办一次。该项赛事设男子单打、女子单打、男子双打、女子双打、U21男子单打、U21女子单打等6项比赛，2018年增设混合双打项目。

中国乒乓球公开赛已经在我国上海、广州、南京等城市举办，每年都有十多个乒乓球强国的百余名优秀运动员参加，在国际体坛上具有较高地位，成为具有较大国际、国内影响力的知名赛事。

七、其他赛事

其他世界级的乒乓球比赛还有世界明星巡回赛，这是国际乒联为推动乒乓球运动的发展，从1990年开始举办的国际性比赛。

亚非拉乒乓球友好邀请赛是洲际乒乓邀请赛，第1届亚非拉乒乓球友好邀请赛于1973年在中国北京举行。

亚非乒乓球友好邀请赛也是洲际乒乓邀请赛，由中国、朝鲜、埃及、日本、毛里求斯、尼泊尔乒乓球协会共同发起。

第五节 大众乒乓球运动

学历对大众乒乓球运动参与度影响较小，参与者年龄分布均匀，且以公务员、企事业单位职员以及学生居多。参与者以自发或民间普通组织为主，每次运动时间不定，但参与次数与运动量明显未达到健身标准，且时间组织没有规律。参与者缺乏与运动相关的常识和科学知识，乒乓球场馆缺乏且运营和使用率极低，社会团体及民间组织的专业性不强。因此，应加强参与者科学体育锻炼的自觉意识和体育认知，加强普通乒乓球场馆建设，扩大运营范围以及提高使用率，加强社会及民间团体组织的专业性及提高乒乓球在全民健身中的影响力[①]。

一、大众乒乓球运动参与者的年龄分布

大众乒乓球运动参与者的数量在各年龄阶段没有出现明显的参差不齐。这表明此项运动的接受度较为普遍。且乒乓球的运动强度和运动量可随时调整，单人、双人均可，运动形式可变换进行，活动范围较为适宜，因而运动者的年龄导向与参与度之间不具有明显的相关性。其中，位于25～50岁年龄段人数较多，根据年龄结构分布特征，大体呈现出类似于"梭"状，即乒乓球运动在中青年中受欢迎度较高。

二、大众乒乓球运动参与者的学历状况

大众乒乓球运动各个学历人群均有参与，其中，受过中高等教育人群（高中及本科人群）参与度普遍较高。随着人们物质生活的极大丰富，就有更

---

① 罗园园,曹莹莹,俱军营.大众乒乓球运动参与现状与问题及应对策略研究——以咸阳市为例[J].安徽体育科技,2019,40(5):49.

多的时间和空间享受生活。积极主动融入体育运动本身就是一种追求幸福感和获得感的完美诠释。

三、大众乒乓球运动参与者的职业状况

大众乒乓球运动参与者的职业特征主要以公务员和企事业单位职员居多。公务员和企事业单位职员一方面生活上有规律，休闲娱乐时间较为固定和充裕；另一方面他们受教育程度高，对于运动认知和锻炼身体的自觉性都要高于其他人。学生是乒乓球运动参与者中的主力军，这与学生群体的日常活动场所有关。通过走访部分学校老师和学生发现，他们的活动场所以学校居多，进一步佐证了学校优越的软硬件条件能吸引更多的未成年人参与运动。

四、大众乒乓球运动参与者的组织形式

大众乒乓球运动参与人群组织形式主要为"同事组队""家人组队"和"个人锻炼"三种形式，"同事组队"和"个人锻炼"占大多数，这与人们参与乒乓球运动的初衷不谋而合，即多数人是以维系生活与工作中的友谊关系，进而扩大自身的交友圈为目的，这也是人们热衷于乒乓球运动的行为动机之一。家庭的组织形式在日常的大众乒乓球参与人群中也占有一定的地位，但与"个人锻炼""同事组队"相比要少很多。

此外，其他的组织形式也占有一定的比例，这就进一步说明人们参与乒乓球多样化的组织形式可能与此项运动受限条件相对较低有关。随着我国的城市化进程和人们的观念不断得到更新，运动也呈现出丰富的多元化形式，社区组织、俱乐部组织、民间自发组织等形式不断涌现。

五、大众乒乓球运动参与者的运动频次、运动时间和运动强度

理论上，乒乓球运动参与者每周人均运动频次应超过3次，均次运动时间应在30分钟以上，运动方式以有氧为主。实际上，人均参与时间超30分钟者占比较大，运动强度达到"出大汗"和"大汗淋漓"程度的人数也有一半以上。但人均锻炼频率在每周3次以上者，占比仅为14%。

六、大众乒乓球运动参与者存在的问题

（一）基本常识及科学标准认识不足

大众乒乓球运动参与人群每周的锻炼远远不能达到健身所需，因此对于身体素质的提高收效甚微。此外，对于乒乓球运动的人体生理学原理知之甚少，这就使得运动者不能很好地依据项目特点与自身所需来达到科学运动的目的。

（二）乒乓球场地设施的制约

大多数人通常情况下会选择较为方便的公共运动场地。然而对于非公共运动场地的走访调查发现，完善的高质量商业运营场所凤毛麟角，其中设施设备大多陈旧老套，体育运动效果不明显，而且收费较高。公共运动场地由于建设时间久远得不到定期维护而破损严重，阴雨天更是无法使用，甚至因场地受损严重造成运动事故频发，这进一步使原本热情参与的人望而却步。

（三）社会体育组织形式单一，且有关行政机构政策执行力度较弱

在我国"全民健身"战略的执行中，所推动和实现的主要组织形式是社会体育组织。经过走访各个体育场地，与有关人员交谈后得出，大多数人主要以自发组织为主，群众自发组织的参与形式应该得到社会全面支持和积极鼓励。然而，考虑到群众自发组织的盲目性和无目的性，如果社会正规组织能牵头加以科学引导和专业指导，相信大众的运动参与质量和境况会有大幅提升；深厚的群众体育基础定会反哺竞技体育，使其枝繁叶茂。

七、提升大众乒乓球运动参与度的对策

（一）提高大众对于体育锻炼的科学认知水平

科学化锻炼不仅有助于运动者健身效果的提高，更重要的是提升全民的体育素养。一方面需要新闻媒体的广泛宣传，另一方面需要运动参与者在宏观理论的指导下结合自身的情况和切实需要进行体育锻炼。这种措施的意义

小到个人每一次参与运动对个人身心健康的提升，大到我国"健康中国"宏伟战略的实现。学校是普及运动常识和运动科学标准的重要场所，因此，建立家庭、社会与学校三位一体的普及模式至关重要。

（二）加强运动场地设施建设，政府积极出台相关的运营标准

场地建设一直是群众体育发展缓慢的制约因素之一。政府部门应加强和完善有关方面的措施，积极筹措社会资源，提早规划，将政策落实到具体细节上。结合当地的经济条件、人口结构以及地理特点，整合综合资源通盘考虑来修建运动场地；在具体的实施过程中应借鉴和创新设计方案，不可盲目套用现有方案，方案既要凸显人文情怀又要与城市自然环境相适应，这也是城市化进程中优化和整合现有资源的有效手段。

（三）大力发展社会体育组织的多样化，并给予立法支持

社会体育组织的多样化一方面能带动更多不同人群参与体育运动，另一方面体育组织的多样化能推动体育强国的坚实步伐。然而多样化不能盲目化，市场化不能垄断化，这就需要政府参与进来，政府对于制定市场机制和规范市场秩序都有着不可替代的重要作用。政府可以通过行政手段为单位和社区做好方向指引，建立和完善法律法规，给予立法支持。一方面通过政府对市场进行宏观调控，在宏观层面做好设计和引导，另一方面通过市场机制培育有潜力的相关单位、社区组织等。

第六节　盲人乒乓球运动

盲人乒乓球是由日本发明的一项体育运动，是乒乓球运动发展到一定程度，对于盲人体育活动的一种延伸。盲人乒乓球于20世纪90年代末期传入我国，在短短十几年时间就被列为中国残疾人运动会的一项体育项目，同时也是盲人参与社会活动的重要途径之一。该项运动不仅能够增强盲人的身体机能，还能使他们积极参与社会活动，促进身心健康。

一、盲人乒乓球运动的主要优点

1.老少皆宜。由于盲人乒乓球比较安全，运动量可大可小，速度可快可慢，活动范围较为固定，因此，参与者既有青壮年，也有高龄者。他们在参与活动中没有因为年龄差距给他们带来不便，收获是相同的。

2.对器材和环境的要求比较低。盲人乒乓球所有的器材大致与正常的乒乓球器材相同，球拍比正常球拍还要简单，但在环境上需要相对安静，需有14～15平方米大小的空间。与正常乒乓球运动相比，盲人乒乓球不离开球台接球，对空间的要求要小得多。

3.运动强度可调节，人数不限（2人以上）。这点与正常乒乓球运动是相同的，但在盲人运动中却是一个优势。一是目前盲人运动项目少，正常乒乓球运动须有一定的体力和肢体调节能力，在盲人活动中普及较为不易。而盲人乒乓球运动在打和平球时，运动速度比较缓慢，而且有规律，适合于老年盲人活动。二是两个盲人或更多盲人皆可进行，比其他盲人运动更加灵活（三个盲人就无法进行盲人象棋）。

4.集娱乐、健身、健脑于一体。在盲人运动中，既能愉悦身心，又能健身健脑的活动，盲人乒乓球运动可谓当之无愧。在活动中盲人只有用心倾听球的方向，及时调动肢体击打乒乓球，才能完成此项运动，这对盲人的听力、反应能力和小脑协调能力具有良好的锻炼作用，而且具有很强的年龄普及优势。

5.安全性强。盲人因为视觉障碍，无论从事什么样的运动，首先要考虑的就是活动的安全性。既然是运动项目，就免不了进行肢体活动，而眼睛看不见，对于环境的选择和器材的放置就要求比较高，如健身器材放置不当，盲人不熟悉就会磕碰绊倒，而盲人乒乓球运动的活动范围非常固定，因而安全性非常好。

二、我国盲人乒乓球运动发展现状

残疾人作为人类大家庭的一部分，需要社会人文关怀。残疾人体育的发展是残疾人融入社会大家庭、增进社会和谐稳定的重要方式之一。2008年中国举办残疾人奥运会，提出"两个奥运同样精彩"的口号之后，中国残疾人体育事业得到了飞速发展。

（一）发展现状

乒乓球作为中国的国球，不仅为健全人的体育发展提供了基础，更为五大类别（肢体残疾、视力残疾、听障残疾、智力残疾、精神类残疾）的残疾人运动提供了帮助。梅书杰针对中国残疾人乒乓球发展大省——黑龙江省的残疾人乒乓球运动员现状进行分析研究。研究表明：（1）黑龙江省残疾人乒乓球运动员不存在固定的练习场所，也没有固定的教练员与陪练员。残疾人乒乓球运动员日常的训练基本依靠跟随省队或者业余乒乓球俱乐部、乒乓球专业培训机构进行练习。相较于同龄健全人，残疾人乒乓球运动员每周练习时间较短、训练次数较少、训练难度较大，投入成本较高。（2）黑龙江省残疾人乒乓球运动员分布较为分散，选拔方式具有局限性。残疾人乒乓球运动员后备力量薄弱，基本从省队跟训运动员或黑龙江省特殊学校进行挑选培养，训练方式根据残疾人类型的不同具有差异性。（3）2008年中国残疾人奥运会圆满结束之后，黑龙江省残疾人乒乓球运动员参加大型比赛的成绩呈先增后降的现象。随着老一代残疾人乒乓球运动员的退役，黑龙江省参加残运会的运动员逐年减少，参加残奥会的乒乓球运动员连续三届人员固定[1]。

王子玉通过对2010年全国残疾人乒乓球锦标赛盲人组运动员、教练员、裁判员等进行调查研究，认为天津、北京、辽宁、江苏成绩较好。但同时也发现一些问题：教练员与裁判员的盲人乒乓球专业知识与经验不足；残疾人乒乓球运动员选拔方式单一，群众基础差，没有系统的训练方法；残疾人乒乓球运动国内比赛举行次数太少。并对我国盲人乒乓球运动存在的问题进行分析，为该项目在训练及管理等方面提供了一些可参考的依据[2]。

① 梅书杰.黑龙江省残疾人乒乓球运动现状调查研究[D].哈尔滨:哈尔滨体育学院，2018:1.

② 王子玉.我国盲人乒乓球运动开展的现状调查分析[J].体育世界(学术版),2011(2):65.

推广并开展盲人乒乓球体育运动，首先，能丰富特殊教育学校学生体育课的内容，提高盲人学生的体质健康水平，鼓励他们积极地参与社会活动，改变其人生观、价值观。其次，能改善盲人学生的生活学习环境和氛围，促进盲人学生之间的交往，增进友谊。再次，能为我国培养盲人乒乓球运动人才。

（二）盲人乒乓球运动存在的问题以及改进与完善的建议

盲人乒乓球运动培训工作中引入了统一的打法规则，完善了盲人乒乓球比赛的有关规定。但在培训活动中也发现了一些不足之处，需要不断改进。

一是在活动中球打出球台掉到地上是经常的事情，为此需要至少两人捡球，也就是说在没有服务人员在场的情况下几乎无法进行运动，这就大大限制了这项活动的开展时间。因此，有盲人朋友反映，能否让他们在没有服务人员的情况下自己练习打球，免除因为服务人员长时间地服务给他们带来的内疚。如果把活动空间的地面改造成略微凸起的球形地面（盲人所站的地面仍然是平面），在它的四周接近墙面的地角部分都有嵌入地面以下的略大于乒乓球的地槽，而地槽也具有倾斜度，均朝着一个角落倾斜，这个角落地面以下有一个坑，里面放置一个球筐，这样所有从各个方向飞出球台的球都会慢慢滚入球筐。在每一个球台的右下角（因为右角是发球位置）放置一个类似台球的网兜，里面装满球，飞出一个取一个，直到打完再去球筐内取球，这样这项活动就可以由盲人自己独立操作进行。

二是现在盲人乒乓球的球拍近乎一个光溜溜的木板，接打球永远是直推直打，大大限制了盲人乒乓球技术的提高。因为由木板击打出来的球只有一个推力，球只有快球和慢球之分。如果在球拍上粘贴带有轻微突起颗粒的薄膜，盲人既可在接打球时通过左右移动球拍使球旋转，又不会因为粘贴薄膜而消除在接打球时必须发出的击打声。这样就能适度提高盲人乒乓球的难度，从而增强趣味性。

三、盲人乒乓球比赛规则简介

盲人乒乓球是一种内装数枚铅粒的赛璐珞球，滚动时能发出悦耳的响声。使用的球台与普通乒乓球台尺寸基本一致，只是在四周增加一圈木板条围起的挡板。比赛时，运动员根据球滚动的声响判断球路。运动员应在对方击来的球在碰到自己防区内的挡板前将球从网下推回。击空、击飞或击球较高碰网均算失分。每局21分，每场共赛3局。盲人乒乓球比赛规则请见附录。

第七节　乒乓球运动的文化传播功能及价值

乒乓球运动文化是人们在历史延续中所创造出的精神财富和物质财富的总和。因此，应该重拾乒乓球运动文化，丰富和实现乒乓球运动的价值①。

一、乒乓球运动文化的内涵

乒乓球运动文化的研究学者将乒乓球运动从结构方面划分成三个层次：核心层次是精神文化层，其中包含了情感价值、道德品质、传统信仰等成分，是人们所拥有的信念体系，是乒乓球运动文化的灵魂和核心；中间层次是制度文化层，它是乒乓球运动文化的技术、行为规则、制度等；外层是物质环境文化层，是乒乓球运动文化的基础，包括乒乓球场地、设施、器材。三个层次之间互相适应、互相联系又互相制约。

二、乒乓球运动文化的特征和价值

乒乓球运动具有传承性、民族性和公平性的文化特征，以及教育、经济的社会价值。乒乓球运动文化是促进乒乓球运动发展的社会基础和支撑。

（一）乒乓球运动文化具有传承性

随着经济发展和社会的不断进步，乒乓球运动经历了文化积淀的过程。

---

① 刘延峰,孙驰.乒乓球运动的文化特征及社会价值探析[J].现代交际,2012(1):144.

乒乓球运动文化具有传承性，其传承过程也是弃旧扬新的过程。我国的乒乓球运动文化吸收了当代世界乒乓球运动文化的精华，创建出具有中国特色的乒乓球运动文化。整个过程是相互吸收的、动态的、协调而趋于和谐的过程。融介、传承、改变在不断地进行，就像乒乓球运动经历了文化的传播，又经历了分化一样，所以在不同的时代里，都存在着乒乓球运动文化的整合现象。经过多年的发展，人们认识到乒乓球运动中存在继承的价值，现在已经成为一种先进的文化，并在不断发展中得到历史的印证。

（二）乒乓球运动文化具有民族性

所有运动都属于全人类，乒乓球运动也不例外。但由于每个国家、地区、民族所处的环境不同，东西方人的性格、气质等差异，形成了不同特色的风格和打法。

乒乓球运动员在进行运动时，都不自觉地用本民族的文化去解读乒乓球运动的本质规律，因而使得乒乓球文化呈现出民族性的特征。例如：亚洲运动员，他们心思缜密、反应灵敏，因而普遍喜欢采用直拍近台快攻的打法。而对于欧洲运动员来讲，他们更为严谨，但更富有冒险精神，因而形成了横拍两面弧圈并结合快攻的打法。

（三）乒乓球运动文化具有公平性

现代社会具有激烈的竞争性，人们不只需要竞争意识和能力，更需要公平竞争的场所。从宏观上看，公平展开的竞赛受体育的竞赛规则和道德底线制约，依靠运动技巧和参赛者的智慧取得胜利。从微观上看，参加比赛的每一个队员，参与竞争的机会都是平等的。

当今社会竞争无处不在，要想适应社会的发展不但需要具有竞争的意识以及竞争的能力，同时也需求营造出一个公平竞争的环境。而这个公平竞争环境的营造就需求竞赛规则以及人们道德品质的约束。乒乓球运动文化的核心层次便包括道德修养等方面，运动员良好的道德品质也是乒乓球比赛顺利进行的保证，因此，乒乓球文化还具有公平性特征。

（四）乒乓球运动文化的教育价值

乒乓球运动文化能够提高人的素质，具有教育价值。乒乓球运动作为竞技项目，是以最终比赛的成绩评判胜负的，参赛者的技术和心理战术是比赛取胜不可缺少的重要因素，每一分的得与失，都会影响比赛的结果。在乒乓球比赛中，不仅能够锻炼运动员坚韧不拔、勤奋刻苦、自尊自信的品德，而且能够激发运动员与教练员的创新和竞争意识。

无论是在学校体育还是在社会体育当中，乒乓球运动都发挥着育人方面的价值。乒乓球运动团队项目需要个体来实现，因而通过乒乓球运动既可以培养运动员独立思考、单独作战的能力，也可以培养运动员的团队精神以及集体荣誉感。参加体育运动，实际上也是运动员个性的一种展示，运动场为运动员个性的展示提供了一个良好的平台。乒乓球运动员在球场上，可以通过其打法以及风格展示其自身的个性，并且在运动过程中享受快乐。在这样的运动过程中，自然也就增加了人与人之间的交流，提升了运动员的素养。

（五）乒乓球运动文化的经济价值

乒乓球运动具有促进经济发展的社会价值。职业化已成为乒乓球运动的发展趋势，比赛的观赏性越来越高，同时吸引观众眼球的还有紧张激烈的对抗，从而创造出了更大的经济效益。俱乐部模式吸引了众多的优秀运动员参与竞技，同时，参与乒乓球运动的人数以及各类型的比赛日益增多，大大提高了乒乓球比赛的多样性和精彩性。乒乓球运动的附加经济价值如体育旅游、彩票，以及交通消费等，为乒乓球运动的发展提供了强大的经济支持。乒乓球运动给社会经济的发展带来了很大的促进作用。

当前，随着我国综合国力的不断增强，在我国由体育大国向体育强国迈进的道路之上，高水平竞技产业必将在国民经济当中占据重要地位。以扩大内需、拉动经济增长为目的的发展方向也为我国乒乓球产业的发展注入了新的活力。近些年来，我国乒乓球产业一直保持着较快较好的发展态势，乒乓球产业逐渐得到了政府以及社会的广泛认可。因此，一方面政府需加大对乒乓球产业发展的扶持力度；另一方面，乒乓球产业的发展必须要顺应社会发展的趋势，将其商业价值充分发挥出来以更好地促进国民经济的发展。

第四章　中国乒乓球运动的辉煌

中国乒乓球队自成立以来，运动员和教练员刻苦训练，努力钻研乒乓球技术，发扬团队精神，不断取得优异成绩。

截至2019年，中国乒乓球队115人成为世界冠军，共获得241枚金牌，其中奥运会金牌28枚，包括6个团体冠军，22个单项冠军；世乒赛金牌145枚，包括42个团体冠军，103个单项冠军；世界杯金牌68枚，包括21个团体冠军，47个单项冠军。

第一节　中国乒乓球队的辉煌历程

新中国成立后，毛泽东主席号召"发展体育运动，增强人民体质"，乒乓球运动因为对场地要求不高，简便易行，所以在全国开展得比较好。1959年，乒乓球运动员容国团为中国夺得了第一个世界冠军，让世界瞩目、国人振奋。第26届世乒赛上，庄则栋和邱钟慧分别获得男女单打冠军，中国队也获得了男子团体冠军。从这个时候开始，中国乒乓球走向世界，中国乒乓球运动也长盛不衰。

乒乓球运动开展的条件相对较低，可参与性强，男女老少都能打，室内室外都能打；条件好的用高级球台打，条件差的水泥球台也能打，没有球台用几张桌子拼起来也能打；天气好在露天可以打，遇上大风大雪，在一间不大的房间里也可以打。乒乓球运动是一项全身运动，健体健脑又健心。相对于足球、篮球等运动，它没有直接的身体对抗，自己可控制运动量，非常利于普及。总之，这项运动特别适合中国的国情，得到了国人的普遍喜爱，普及程度很高。

新中国成立后，乒乓球运动迅猛发展，我国运动员出现在各个世界大赛上，取得了令人瞩目的成绩。但张利等认为，我国的乒乓球发展也不是一帆风顺的，经历了高潮与低谷，主要可以概括为4个时期：蓬勃期、低谷期、鼎盛期、变革期。蓬勃期：1952年，在北京举行了"全国乒乓球比赛大会"，并且中华全国体育总会乒乓球部加入国际乒联；1953年，我国首次参加国际乒乓球比赛（第20届世界乒乓球锦标赛）；1961年，第26届世界乒乓球锦标赛在我国举行，我国运动员取得了3金4银的成绩。低谷期："文化大革命"期间，我国乒乓球界与国际乒坛中断来往4年多，中国运动员也一直没有参加世界级比赛。鼎盛期：20世纪70年代开始，由于"乒乓外交"的影响，我国运动员在各个世界大赛中均取得了不错的成绩。变革期：现今，中国乒乓球队被称为"梦之队"，在世界乒乓球竞赛舞台上形成了垄断，对此，国际乒联对比赛规则、赛制等进行了一系列的改革[①]。

一、世乒赛成绩

世界乒乓球锦标赛是国际乒联主办的一项最高水平的世界乒乓球大赛，具有广泛的影响。中国队在历届世界乒乓球锦标赛上不断取得进步，获得的成绩如下。

---

① 张利,杨三军.乒乓球运动起源与技战术发展研究进展[J].体育文化导刊,2016(6):99.

表4.1 中国队获世界乒乓球锦标赛男子单打冠军

时间	届次	冠军	时间	届次	冠军
1959年	第25届	容国团	1999年	第45届	刘国梁
1961年	第26届	庄则栋	2001年	第46届	王励勤
1963年	第27届	庄则栋	2005年	第48届	王励勤
1965年	第28届	庄则栋	2007年	第49届	王励勤
1973年	第32届	郗恩庭	2009年	第50届	王皓
1981年	第36届	郭跃华	2011年	第51届	张继科
1983年	第37届	郭跃华	2013年	第52届	张继科
1985年	第38届	江嘉良	2015年	第53届	马龙
1987年	第39届	江嘉良	2017年	第54届	马龙
1995年	第43届	孔令辉	2019年	第55届	马龙

表4.2 中国队获世界乒乓球锦标赛女子单打冠军

时间	届次	冠军	时间	届次	冠军
1961年	第26届	邱钟惠	1999年	第45届	王楠
1971年	第31届	林惠卿	2001年	第46届	王楠
1973年	第32届	胡玉兰	2003年	第47届	王楠

时间	届次	冠军	时间	届次	冠军
1979年	第35届	葛新爱	2005年	第48届	张怡宁
1981年	第36届	童玲	2007年	第49届	郭跃
1983年	第37届	曹燕华	2009年	第50届	张怡宁
1985年	第38届	曹燕华	2011年	第51届	丁宁
1987年	第39届	何智丽	2013年	第52届	李晓霞
1989年	第40届	乔红	2015年	第53届	丁宁
1991年	第41届	邓亚萍	2017年	第54届	丁宁
1995年	第43届	邓亚萍	2019年	第55届	刘诗雯
1997年	第44届	邓亚萍	—	—	—

表4.3 中国队获世界乒乓球锦标赛男子双打冠军

时间	届次	冠军	时间	届次	冠军
1963年	第27届	张燮林/王志良	2001年	第46届	王励勤/阎森
1965年	第28届	庄则栋/徐寅生	2003年	第47届	王励勤/阎森
1977年	第34届	梁戈亮/李振恃	2005年	第48届	孔令辉/王皓
1981年	第36届	李振恃/蔡振华	2007年	第49届	马琳/陈玘
1987年	第39届	陈龙灿/韦晴光	2009年	第50届	王皓/陈玘

时间	届次	冠军	时间	届次	冠军
1993年	第42届	王涛/吕林	2011年	第51届	马龙/许昕
1995年	第43届	王涛/吕林	2015年	第53届	张继科/许昕
1997年	第44届	孔令辉/刘国梁	2017年	第54届	许昕/樊振东
1999年	第45届	孔令辉/刘国梁	2019年	第55届	马龙/王楚钦

表4.4　中国队获世界乒乓球锦标赛女子双打冠军

时间	届次	冠军	时间	届次	冠军
1965年	第28届	林惠卿/郑敏之	1999年	第45届	王楠/李菊
1971年	第31届	林惠卿/郑敏之	2001年	第46届	王楠/李菊
1977年	第34届	杨莹/朴英玉(朝鲜)	2003年	第47届	王楠/张怡宁
1979年	第35届	张立/张德英	2005年	第48届	王楠/张怡宁
1981年	第36届	张德英/曹燕华	2007年	第49届	王楠/张怡宁
1983年	第37届	戴丽丽/沈剑萍	2009年	第50届	郭跃/李晓霞
1985年	第38届	戴丽丽/耿丽娟	2011年	第51届	郭跃/李晓霞
1989年	第40届	邓亚萍/乔红	2013年	第52届	郭跃/李晓霞
1991年	第41届	陈子荷/高军	2015年	第53届	刘诗雯/朱雨玲
1993年	第42届	刘伟/乔云萍	2017年	第54届	丁宁/刘诗雯

时间	届次	冠军	时间	届次	冠军
1995年	第43届	邓亚萍/乔红	2019年	第55届	王曼昱/孙颖莎
1997年	第44届	邓亚萍/杨影	—	—	—

表4.5　中国队获世界乒乓球锦标赛混合双打冠军

时间	届次	冠军	时间	届次	冠军
1971年	第31届	张燮林/林惠卿	1997年	第44届	刘国梁/邬娜
1973年	第32届	梁戈亮/李莉	1999年	第45届	马琳/张莹莹
1979年	第35届	梁戈亮/葛新爱	2001年	第46届	秦志戬/杨影
1981年	第36届	谢赛克/黄俊群	2003年	第47届	马琳/王楠
1983年	第37届	郭跃华/倪夏莲	2005年	第48届	王励勤/郭跃
1985年	第38届	蔡振华/曹燕华	2007年	第49届	王励勤/郭跃
1987年	第39届	惠钧/耿丽娟	2009年	第50届	李平/曹臻
1991年	第41届	王涛/刘伟	2011年	第51届	张超/曹臻
1993年	第42届	王涛/刘伟	2015年	第53届	许昕/梁夏银（韩国）
1995年	第43届	王涛/刘伟	2019年	第55届	许昕/刘诗雯

表4.6　中国队获世界乒乓球锦标赛男子团体冠军

时间	届次	冠军	时间	届次	冠军
1961年	第26届	容国团、王传耀、徐寅生、庄则栋、李富荣	1997年	第44届	王涛、马文革、丁松、孔令辉、刘国梁
1963年	第27届	徐寅生、庄则栋、李富荣、张燮林、王家声	2001年	第46届	孔令辉、刘国梁、刘国正、王励勤、马琳
1965年	第28届	庄则栋、李富荣、张燮林、徐寅生、周兰荪	2004年	第47届	孔令辉、刘国正、王励勤、马琳、王皓
1971年	第31届	庄则栋、李富荣、李景光、郗恩庭、梁戈亮	2006年	第48届	王励勤、马琳、王皓、陈玘、马龙
1975年	第33届	许绍发、梁戈亮、李振恃、陆元盛、李鹏	2008年	第49届	王励勤、马琳、王皓、陈玘、马龙
1977年	第34届	梁戈亮、李振恃、郭跃华、黄亮、王俊	2010年	第50届	马琳、王皓、马龙、张继科、许昕

时间	届次	冠军	时间	届次	冠军
1981年	第36届	谢赛克、蔡振华、施之皓、郭跃华、王会元	2012年	第51届	马琳、王皓、马龙、张继科、许昕
1983年	第37届	谢赛克、蔡振华、江嘉良、郭跃华、范长茂	2014年	第52届	王皓、马龙、张继科、许昕、樊振东
1985年	第38届	谢赛克、江嘉良、王会元、陈新华、陈龙灿	2016年	第53届	马龙、张继科、许昕、樊振东、方博
1987年	第39届	江嘉良、陈龙灿、陈新华、王浩、滕义	2018年	第54届	马龙、许昕、樊振东、林高远、王楚钦
1995年	第43届	王涛、马文革、丁松、孔令辉、刘国梁	—	—	—

表4.7 中国队获世界乒乓球锦标赛女子团体冠军

时间	届次	冠军	时间	届次	冠军
1965年	第28届	梁丽珍、李赫男、林惠卿、郑敏之	1997年	第44届	邓亚萍、王楠、李菊、杨影、王晨

时间	届次	冠军	时间	届次	冠军
1975年	第33届	葛新爱、张立、胡玉兰、郑怀颖	2000年	第45届	王楠、李菊、孙晋、王辉、张怡宁
1977年	第34届	葛新爱、张立、张德英、朱香云	2001年	第46届	王楠、李菊、孙晋、杨影、张怡宁
1979年	第35届	葛新爱、张立、张德英、曹燕华	2004年	第47届	王楠、李菊、张怡宁、牛剑锋、郭跃
1981年	第36届	张德英、曹燕华、童玲、齐宝香	2006年	第48届	王楠、张怡宁、郭跃、郭焱、李晓霞
1983年	第37届	曹燕华、童玲、耿丽娟、倪夏莲	2008年	第49届	王楠、张怡宁、郭跃、郭焱、李晓霞
1985年	第38届	童玲、戴丽丽、耿丽娟、何智丽	2012年	第51届	郭跃、郭焱、李晓霞、丁宁、刘诗雯
1987年	第39届	戴丽丽、陈静、李惠芬、焦志敏	2014年	第52届	李晓霞、丁宁、刘诗雯、陈梦、朱雨玲

时间	届次	冠军	时间	届次	冠军
1989年	第40届	李惠芬、陈静、陈子荷、胡小新	2016年	第53届	李晓霞、丁宁、刘诗雯、陈梦、朱雨玲
1993年	第42届	高军、陈子荷、邓亚萍、乔红	2018年	第54届	丁宁、刘诗雯、朱雨玲、陈梦、王曼昱
1995年	第43届	邓亚萍、乔红、刘伟、乔云萍	—	—	—

二、奥运会成绩

奥林匹克运动会是现今世界最知名的体育盛会，每四年举行一次，是各个国家展示体育运动实力的舞台。运动员获得金牌，在颁奖典礼上奏国歌、升国旗是振奋民族信心和自豪感的最佳时刻。因此，世界各国都将奥运会作为运动竞赛的重中之重来对待。对于乒乓球运动也不例外，中国乒乓球代表队在奥运会赛场上披金斩银、屡获佳绩，一次次将五星红旗在奥运赛场上升起，极大地振奋了中华民族的伟大精神。

1988年汉城（首尔）奥运会：中国获得2金（男双：陈龙灿/韦晴光，女单：陈静），2银（女单：李惠芬，女双：陈静/焦志敏），1铜（女单：焦志敏）。

1992年巴塞罗那奥运会：3金（男双：吕林/王涛，女单：邓亚萍，女双：邓亚萍/乔红），2银（女单：乔红，女双：陈子荷/高军），1铜（男单：马文革）。

1996年亚特兰大奥运会：4金（男单：刘国梁，男双：刘国梁/孔令辉，女单：邓亚萍，女双：邓亚萍/乔红），3银（男单：王涛，男双：吕林/王涛，女双：刘伟/乔云萍），1铜（女单：乔红）。

2000年悉尼奥运会：4金（男单：孔令辉，男双：王励勤/闫森，女单：王楠，女双：王楠/李菊），3银（男双：刘国梁/孔令辉，女单：李菊，女双：孙晋/杨影），1铜（男单：刘国梁）。

2004年雅典奥运会：3金（男双：马琳/陈杞，女单：张怡宁，女双：王楠/张怡宁），1银（男单：王皓），2铜（男单：王励勤，女双：郭跃/牛剑锋）。

2008年北京奥运会：4金（男单：马琳，男团：马琳、王皓、王励勤，女单：张怡宁，女团：张怡宁、王楠、郭跃）。

2012年伦敦奥运会：4金（男单：张继科，男团：张继科、王皓、马龙，女单：李晓霞，女团：李晓霞、丁宁、郭跃），2银（男单：王皓，女单：丁宁）。

2016年里约奥运会：4金（男单：马龙，男团：马龙、许昕、张继科，女单：丁宁，女团：刘诗雯、丁宁、李晓霞），2银（男单：张继科，女单：李晓霞）。

三、世界杯成绩

世界杯乒乓球赛，也称"埃文斯杯赛"，创设于1980年。由于世界杯比赛时间短、水平高、精彩场次多，深受乒乓球爱好者欢迎。中国队获得的成绩如下。

表4.8　中国队获世界杯乒乓球赛男子单打冠军

时间	届次	冠军	时间	届次	冠军
1980年	第1届	郭跃华	2006年	第27届	马琳
1982年	第3届	郭跃华	2007年	第28届	王皓
1984年	第5届	江嘉良	2008年	第29届	王皓

时间	届次	冠军	时间	届次	冠军
1985年	第6届	陈新华	2010年	第31届	王皓
1986年	第7届	陈龙灿	2011年	第32届	张继科
1987年	第8届	滕毅	2012年	第33届	马龙
1989年	第10届	马文革	2013年	第34届	许昕
1992年	第13届	马文革	2014年	第35届	张继科
1995年	第16届	孔令辉	2015年	第36届	马龙
1996年	第17届	刘国梁	2016年	第37届	樊振东
2000年	第21届	马琳	2018年	第39届	樊振东
2003年	第24届	马琳	2019年	第40届	樊振东
2004年	第25届	马琳	—	—	—

表4.9　中国队获世界杯乒乓球赛女子单打冠军

时间	届次	冠军	时间	届次	冠军
1996年	第1届	邓亚萍	2008年	第12届	李晓霞
1997年	第2届	王楠	2009年	第13届	刘诗雯
1998年	第3届	王楠	2010年	第14届	郭焱
2000年	第4届	李菊	2011年	第15届	丁宁

时间	届次	冠军	时间	届次	冠军
2001年	第5届	张怡宁	2012年	第16届	刘诗雯
2002年	第6届	张怡宁	2013年	第17届	刘诗雯
2003年	第7届	王楠	2014年	第18届	丁宁
2004年	第8届	张怡宁	2015年	第19届	刘诗雯
2005年	第9届	张怡宁	2017年	第21届	朱雨玲
2006年	第10届	郭焱	2018年	第22届	丁宁
2007年	第11届	王楠	2019年	第23届	刘诗雯

表4.10　中国队获世界杯乒乓球赛男子团体冠军

时间	届次	冠军	时间	届次	冠军
1991年	第2届	马文革、王涛、王浩、张雷、谢超杰	2011年	第8届	马龙、王皓、许昕、马琳、王励勤
1994年	第3届	刘国梁、丁松、林志刚、王浩、秦志戬	2013年	第9届	张继科、马龙、许昕、王皓、王励勤

时间	届次	冠军	时间	届次	冠军
2007年	第5届	马琳、王皓、王励勤、陈玘	2015年	第10届	张继科、马龙、许昕、樊振东、方博
2009年	第6届	马龙、张继科、许昕、邱贻可	2018年	第11届	马龙、樊振东、许昕、林高远、于子洋
2010年	第7届	马龙、王皓、张继科、许昕、郝帅	2019年	第12届	马龙、樊振东、许昕、梁靖崑、林高远

表4.11　中国队获世界杯乒乓球赛女子团体冠军

时间	届次	冠军	时间	届次	冠军
1990年	第1届	邓亚萍、乔红、高军、陈子荷	2011年	第8届	郭跃、李晓霞、郭焱、丁宁、范瑛
1991年	第2届	邓亚萍、乔红、刘伟、陈子荷	2013年	第9届	李晓霞、丁宁、刘诗雯、常晨晨、武杨

时间	届次	冠军	时间	届次	冠军
1995年	第4届	杨影、乔红、刘伟、邓亚萍	2015年	第10届	丁宁、李晓霞、刘诗雯、朱雨玲、陈梦
2007年	第5届	张怡宁、郭跃、李晓霞、王楠	2018年	第11届	丁宁、李晓霞、朱雨玲、陈幸同、王曼昱
2009年	第6届	郭跃、李晓霞、刘诗雯、丁宁	2019年	第12届	丁宁、刘诗雯、陈梦、孙颖莎、王曼昱
2010年	第7届	郭跃、李晓霞、郭焱、刘诗雯、丁宁	—	—	—

第二节　长盛原因总结

作为我国的"国球"，乒乓球拥有极为广泛的群众基础，雄霸世界乒坛数十年，早已成为我国竞技体育和国际综合体育盛会的典型优势项目。中国乒乓球队在各个世界大赛中取得了辉煌而骄人的战绩，"囊括""包揽"成为评价他们使用频数最高的词汇，由此中国乒乓球队有了"梦之队"的美誉。

我国乒乓球运动之所以一直处在世界乒坛的领先地位，保持着绝对的优势，这与我国广大的乒乓球教练员、工作者、科研人员的辛勤努力工作和艰苦潜心研究是分不开的。

一、科学化训练的研究

我国学者王於竞早在1997年便从青少年专门化训练、训练模式、竞赛制度、俱乐部的发展和教练员自身素质等五个方面对我国乒乓球科学化训练所存在的问题和不足进行了探讨[①]。此后,关于乒乓球训练的理念更加科学、前卫,研究成果更加深入、细化。

研究者从管理者的角度和高度对中国乒乓球队的科学训练提出"制胜规律是进行科学训练的前提,创新赋予科学训练旺盛的生命力,合理、有效的训练方法是科学训练的落脚点,理论研究是对科学训练的有力支持[②]。更有学者在分析国际乒联新规则的基础上提出"花大力气,钻研新规律、探索新方法,科学训练,从早抓起,拓宽信息渠道,及时了解世界乒乓球的发展动态及走向,进行广泛的交流,在新一轮的挑战中就会赢得主动、赢得机遇、赢得创新"[③]。这些训练理念,特别是创新理念正是我国乒乓球运动可持续发展的生命力和动力源泉。

随着我国乒乓球运动研究的深入和细化,我国学者研究的重心逐渐由宏观向微观转变,在多年训练经验的基础上结合科学的量化统计分析,提出了乒乓球运动员身体素质的科学训练指标和评价体系。

在身体素质方面,研究者发现我国优秀儿童乒乓球运动员专项体能均由速度、爆发力、协调能力、柔韧性和核心稳定五个主要因子构成,应优先发展的是速度因子和爆发力因子。由此确定了3 000m、侧滑步、握力三项指标为我国优秀青少年乒乓球运动员身体素质水平评价指标,并提出中国青年奥运集训队女运动员应以上肢的爆发力和灵敏素质训练为主,男运动员除了爆

① 王於竞.关于我国乒乓球科学化训练存在的问题与对策[J].浙江体育科学,1997,19(2):32.

② 杨树安,张晓蓬.对中国乒乓球队科学训练的思考[J].体育科学,2000,20(2):30-33.

③ 刘朝宝,李江,麻志刚.新规则对我国乒乓球运动员的影响及在训练和比赛中的对策[J].哈尔滨体育学院学报,2002,20(2):105.

发力外，还应训练控球能力和身体灵活性。在科学训练方法方面，多球训练仍然是重要的训练方法，但存在许多需要解决的问题。在提高供能系统上研究较少，比较适合乒乓球运动的方法是间歇性低氧训练[1]。乒乓球四分关键球新赛制增加了比赛的偶然性，突出了开局的重要性和对关键球的把握能力，是对训练赛制创新性的改进，也是科学制定合理训练赛制的成功尝试[2]。

在研究乒乓球运动员身体素质科学训练指标和评价体系的同时，我国学者对乒乓球科学训练的研究领域还在不断扩大，他们发现乒乓球国家队女队运动员运动损伤状况非常严重，并提出科学的训练方法才能有效防止运动员急性损伤发生和慢性损伤的加重。此外，我国残疾人乒乓球队科学化训练也得到了研究者的重视，此举对我国残疾人乒乓球运动的发展做出了一定的贡献。科学的研究方法和理论逐步进入了乒乓球研究，测评指标模型的建立，使乒乓球训练和评价更加科学和合理。

二、技战术打法的研究

近些年，我国学者关于乒乓球技战术打法的研究非常深入，并且视角开阔。研究者认为技战术是乒乓球制胜的核心因素，同时分析乒乓球项目的特征，根据乒乓球技术固有的属性，重建乒乓球技术体系的层次、分类，对乒乓球运动的发展具有重要意义。

此外，陈家鸣运用博弈论的基本原理、思维方法和分析方法，提出运动员的"个体理性"、主观能动性和个性心理特征与其风险偏好及风险承担能力密切相关，影响比赛战术的选择和运用；路径依赖问题存在于乒乓球比赛战术运用的过程中，是影响比赛胜负的重要因素之一[3]。

我国学者通过对技战术打法的研究发现，进攻型打法仍然是当今世界乒坛的主流打法。奥运会男子获奖运动员直拍和横拍的比例没有明显的差别，

---

① 林小兵.乒乓球运动员间歇性低氧训练的研究现状与分析[J].西安体育学院学报，2006,23（3）:79.

② 张若波,彭博,梁恒.乒乓球四分赛制的应用与实征（证）研究[J].北京体育大学学报,2009,32（8）:102.

③ 陈家鸣.乒乓球比赛战术的博弈分析[D].北京:北京体育大学,2008:1.

但女子横拍运动员占绝对优势。女双选手的打法类型正朝着更加积极主动、凶狠、搏杀、技术更加全面、中远台相持防反整体化的方向发展①。女子乒乓球运动员技术男性化成为大趋势，但在实施女子技术男性化的过程中，不能只重视技战术层面的男性化，还应注重进攻意识、心智胆识、技战术特征、专项体能素质等各项技能素质的全面发展②。在对我国青少年乒乓球运动员的研究发现，目前我国中学生乒乓球运动员的主流打法是弧快型和快弧型，男运动员以弧快型居多，女运动员以快弧型居多，快攻型和削攻型打法较少。

在优秀横拍运动员的技术运用中，男运动员在前三板的争夺更为激烈，女运动员则相对后移。在正手处理中路球上，男运动员运用正手的比例要比女运动员多，但是意识的好坏直接影响技战术水平的发挥，我国乒乓球运动员应在精练前三板技战术组合的同时，加强四板、五板以及相持段技术的衔接③。直拍运动员的技术运用中，我国优秀乒乓球运动员应以横打技术为主，结合推挡的反手技术组合更能提高反手位的直接得分能力和相持能力④。

在对乒乓球技战术研究的过程中，有深度的个案研究有所增加，特别是对运用新技术"直拍横打"的王皓的研究居多，并与马琳、柳承敏等优秀运动员进行比较分析，发现王皓技战术的变化有待继续提高，提出直拍打法要在乒乓球技术快速发展的今天保持优势，必须提高前三板争取主动的意识和能力，而且还要掌握直拍横打技术以提高反手位的进攻能力、相持能力和攻防转换能力⑤。

另外，研究者发现有机胶水和无机胶水对直拍反胶选手王皓、马琳的发

---

① 黄安平.我国女子乒乓球运动员技术男性化的研究[D].武汉:武汉体育学院，2007:8.

② 禹雪璐.青少年乒乓球运动员"女子技术男性化"的训练理念探讨[D].苏州:苏州大学，2010:1.

③ 佘竞妍.乒乓球技术体系的分类及效用研究[D].上海:上海体育学院，2010:11.

④ 乔孟杰.优秀男女横板乒乓球运动员技术运用特征的对比分析[D].北京:北京体育大学，2009:4.

⑤ 魏芳亮.04—09(2004—2009)年我国优秀乒乓球运动员王皓技战术变化发展的研究[D].北京:北京体育大学，2010:61.

抢段、接抢段和相持段得分也产生了较大的影响①。现代的计算机统计软件对运动员技战术的监控，也提高了记录的速度以及准确性，从而实现了统计结果的实时反馈，提高了科学训练的效果。

三、后备人才培养模式

近些年，有学者对中国目前的"举国体制"的培养方式提出了一些异议，虽然"举国体制"的培养方式使中国乒乓球队取得了令人瞩目的成就，但随着我国改革开放的深入和对人才需求的不断变化，原有的培养模式已不能满足现代竞技乒乓球运动可持续发展的需要，应把职业化、体教结合、乒乓球学校和传统训练模式结合起来，形成多元化的培养模式，并积极鼓励企业和个人参与投资管理，加大文化教育力度，培养运动员的情商②。学者们提出这样的想法也不无道理，我国目前的培养模式的确存在诸多亟待解决的问题，诸如后备人才文化学习不足、忽视对后备人才心理素质的培养和训练、过于重视专项技能和体能训练、忽视后备人才的基本技能和基本体能训练、教练员队伍建设缺乏长远规划等问题，其中文化修养问题最为突出，应在培养模式中加强运动员的文化修养，使文化教育为提高运动队的训练水平和竞技状态、提高运动员的竞技能力和比赛成绩服务。

我国乒乓球俱乐部的培养模式、联赛的现状均存在不同方面的问题，领导体制、经济体制及经济发展水平、俱乐部经费来源是影响我国乒乓球俱乐部发展的主要因素③。俱乐部联赛已取得了阶段性成果，但俱乐部经费来源渠道单一、有限，联赛运作方式也有待进一步完善④。另外，我国乒乓球俱乐部后备人才地域分布不均衡、年龄结构悬殊、左手运动员的人数不足、水平不

---

① 庞赓.对直拍反胶选手王皓、马琳有机和无机胶水条件技战术变化分析[D].北京：北京体育大学,2010:54.

② 兰彤.中国竞技乒乓球后备人才多维度可持续发展培养模式的探索与研究[J].广州体育学院学报,2006(1):66.

③ 钟宇静.对我国乒乓球俱乐部现状与发展对策的研究[J].沈阳体育学院学报,2004,23(5):616.

④ 周桂珍.对我国乒乓球俱乐部联赛现状的调查与分析[J].广州体育学院学报,2005,25(4):87.

高、初训较早、训练年限较长、培养过程重训练轻文化、横拍打法多直拍打法少、弧快打法多快攻和削攻打法少，今后应正确认识乒乓球运动发展的现状和趋势，认识各种打法类型合理分布的重要意义及不同打法类型运动员的身体、心理、技战术特征，突出观念和技术创新。

此外，孙黄茜发现中国乒协会员分布广泛，人数大幅增加，但西部地区会员人数不多。我国乒乓球会员制缺乏有效的组织管理体制，宣传力度不够，人才、资金和科研缺乏支持，服务机制不完善，存在基层建设薄弱等亟待解决的问题①。吕晓磊发现我国残疾人乒乓球运动员中缺乏年轻队员，后备人才不足。残疾类别发展不平衡，重级别残疾运动员缺乏。从事残疾人训练的教练员年龄偏大并多为兼职，专业知识及能力不高。各级别赛事较少，不利于人才培养②。

四、心理特征及心理训练

随着当今乒乓球运动的发展，优秀乒乓球运动员的心理特征和心理技能训练越来越受到运动员、教练员和科研工作者的重视和关注。陈静运用质性研究的方法发现心理素质是影响我国高水平乒乓球运动员运动表现的主要因素，优秀运动员心理素质的重要内容包括表现性、工作专注、稳定性、乐观性、有恒性、探究性、变通性和自律性等方面③。喻晶发现心理品质、赛前心理准备、竞技水平、巅峰体验、裁判、战术策略、教练员指导等因素是影响优秀乒乓球运动员心理状态最主要的因素④。

房巍认为，乒乓球运动员的自信心是影响乒乓球制胜的重要心理因素，并提出通过各种心理训练提高运动员的理想自信心⑤。张瑛秋等通过比较发

① 孙夷茜.中国乒乓球协会会员制现状及发展的研究[D].北京：北京体育大学，2009：4.

② 吕晓磊.北京残奥会中国乒乓球队成功因素分析[D].济南：山东师范大学，2010：1.

③ 陈静.赢在心理：优秀乒乓球运动员心理素质解析[M].广州：广州出版社，2009：104.

④ 喻晶.我国优秀青少年乒乓球运动员流畅心理状态影响因素的研究[J].沈阳体育学院学报，2006，25(1)：44.

⑤ 房巍.自信：乒乓球心理制胜因素的关键[J].吉林体育学院学报，2009(1)：70.

中国乒乓球运动发展史

现：在注意力方面，不同竞技水平的优秀女运动员在集稳能力和三瞬指数上存在差异，而男运动员在转移能力和一瞬指数上存在差异。女运动员在思维能力上没有阳性结果，而男运动员在落点判断上有明显差异①。刘欣华等从个性因素方面研究发现：我国女子乒乓球运动员16项个性因素中，乐群性、聪慧性、稳定性等方面趋向高分特征，有恒性、敏感性、怀疑性等方面趋向低分特征；她们个性热情活泼、聪慧自信、心理稳定，但缺乏吃苦耐劳、持之以恒的精神；双重个性因素均属于适应型、外向型、安详机警型和果断型②。除了对乒乓球运动员心理特征的研究外，我国学者在心理技能训练方面也做出了卓有成效的研究。

杨川宁对我国著名乒乓球运动员阎森的心理训练进行研究，发现高水平乒乓球运动员比赛时情绪是否稳定是其技战术水平发挥的重要影响因素，并提出优秀运动员良好的心理稳定和情绪控制是可以通过心理训练实现的③。在个案分析的基础上，顾峰源从心理训练的作用、心理训练的原则及心理的影响因素等方面阐述了对乒乓球运动员进行心理素质训练的必要性④。而熊志超设计了一个针对乒乓球运动员心理素质的训练方案，并提出通过这个方案可以让乒乓球运动员学会如何调整心态，稳定发挥技战术水平⑤。

与此同时，张瑛玮对我国高水平乒乓球运动员的赛前心理压力进行分析研究，分析运动员赛前所面临的心理压力及产生心理压力的原因，并提出人本主义的训练方式有助于提高训练效率，提升运动员的心理素质⑥。曹佳对青

---

① 张瑛秋,孙麒麟,严春锦.中国优秀青年乒乓球运动员心理特征分析[J].武汉体育学院学报,2006,40(2):50.

② 刘欣华,吴文侃,刘旭华.我国女子乒乓球运动员个性特征研究[J].武汉体育学院学报,2006,40(2):57.

③ 杨川宁.谈乒乓球运动员阎森的心理训练[J].南京体育学院学报(自然科学版),2005,4(1):47.

④ 顾峰源.再议乒乓球运动员心理素质训练的必要性[J].体育科技文献通报,2007,15(6):102.

⑤ 熊志超.乒乓球运动员心理素质实景模拟比赛训练方案的设计[J].体育学刊,2008,15(8):96.

⑥ 张瑛玮.我国高水平乒乓球运动员的赛前心理压力应对研究[J].沈阳体育学院学报,2009,28(2):111.

少年乒乓球运动员在比赛中所表现出来的不良心理的行为特征进行深入分析，并揭示运动员形成不良心理的内部和外部原因，提出加强赛前角色合理定位的心理训练是进行赛中心理调控的先决条件，青少年乒乓球运动员无论对手强弱，都要把赛前角色始终定位于"快、准、狠、变、转"上，克服和控制在比赛中的不良心理表现[①]。

五、乒乓球教练员的研究

在对我国乒乓球运动的研究中，专门针对乒乓球教练员的研究还不多见，已有的研究内容主要是我国乒乓球教练员能力结构的构成要素、教练员知识结构的构成要素和评价体系的构建。研究者发现乒乓球教练员的能力结构包括专项训练能力、临场指挥能力、管理能力、创新能力、合作能力和科研能力等，其中专项训练能力最重要，临场指挥能力和管理能力次之，再次是创新能力，而乒乓球教练员知识结构的主要构成要素包括专业知识、专业基础知识、与专业相关的其他学科知识，研究也发现现役乒乓球国家队教练员专业知识精深，专业基础知识一般，而与专业相关的其他学科知识相对较为缺乏，应注意调整自己的知识结构。另外，我国现阶段乒乓球教练员的队伍日益年轻化，并具有丰富的实践经验和运动经历，但文化程度不高，训练方法和手段大多沿袭原有方法，缺乏创新的意识，这也是影响我国乒乓球运动可持续发展的主要因素之一。

此外，研究者发现，我国乒乓球教练员能力素质评价具有导向与激励作用、反馈与交流作用、判断与监控作用和鉴定与选拔作用，并且构建了包括评价指标、指标权重和评价标准三个部分的乒乓球教练员能力素质评价体系，该体系包括3项一级指标，16项二级指标和81项三级指标，这也是我国为数不多的针对乒乓球教练员能力素质的评价体系。

近些年，我国专家从科学训练、技战术打法、后备人才培养模式、心理技能训练及心理特征、教练员能力素质等方面进行了系统的研究，就这些方

---

① 曹佳.青少年乒乓球运动员比赛中的不良心理及调控[J].体育科技文献通报，2010,18(8):66—68.

面的研究结果提出了不同的意见和建议，这对我国乒乓球运动事业的可持续发展无疑起到了非常重要的作用和意义。但是从我国乒乓球运动的研究现状来看，我们不难发现，对乒乓球运动的研究多集中在技术打法类型、身体素质、技战术训练等方面，在心理技能训练、科学选材、教练员裁判员研究方面还相对缺乏，研究成果不够丰富；针对青少年运动员的基层科研成果不多，研究过多地集中于国家优秀的运动员；对我国现有培养模式的研究多集中在表面而缺乏更深层次的研究。另外，针对残疾乒乓球运动员的研究和我国"海外兵团"的研究也比较罕见。这些都将是我国乒乓球运动工作者下一步亟待解决的问题。

六、技术制度安排

中国乒乓球技术发展在技术手段方面，形成了中国式近台快攻技术体系，它是直观的技术形式，也是中国乒乓球运动优势地位的具体体现。当然，这一技术体系的形成，尤其是中国乒乓球技术优势的获得和保持，不是技术自身发展的结果，而是在中国训练竞赛制度安排的作用下形成的，它为中国乒乓球技术发展提供了环境和条件。中国乒乓球运动的训练竞赛制度具有微观社会的运行机制的特征，它是通过技术政策的制定和技术管理体制的实施，来推动乒乓球技术的发展。

（一）技术政策

首先，我国乒乓球技术政策制定和实施在乒乓球技术发展过程中主要由专家负责，即乒乓球运动专家在乒乓球技术发展中进行决策。其次，强调技术政策的整合性，即从中国乒乓球技术发展的总体利益的角度出发，把乒乓球技术发展和国家利益结合起来，使个别的技术利益统一到国家的整体技术利益中。再次，技术政策的激励性，即通过制定奖励性和惩罚性的政策规定，来保证技术发展的动力。

专家制定技术政策保证了乒乓球技术遵循技术发展规律，使技术训练能够从实际出发，从问题出发。20世纪60年代初期在乒乓球技术专家的指导下，形成了中国式近台快攻技术打法，并成为世界乒乓球运动先进的技术打法，为中国乒乓球运动员夺得世界冠军立下大功。

乒乓球技术如何发展，如何处理好传统技术和其他技术以及新技术的关系问题上，我国乒乓球科研工作者不断创新。1965年，中国乒乓球队提出了"百花齐放，以我为主，采诸家之长，走自己的路"的技术政策，它确立了一种开放的技术环境，提出在技术学习和发展中，必须坚持成功的经验，坚持以我为主的技术打法，在全国形成了促进近台快攻技术打法不断完善、技术打法多样化发展的局面。随后又提出了"国内练兵，一致对外"的技术政策，这是对前一个技术政策在技术方面的补充说明。它强调技术发展以国家利益为重，以为国争光为重，确保在国际比赛中能够取得优异成绩。"百花齐放，以我为主，采诸家之长，走自己的路"，使中国乒乓球技术发展有了明确的方向，避免了成功后可能出现的在近台快攻技术打法上的故步自封，或对其他成功经验认识不足的现象，保证了中国乒乓球技术有不断发展的生机和动力。

技术政策整合性体现在国内建立了乒坛小世界，使各种技术可以相互学习和借鉴，构成乒乓球的"技术生态环境"。它促进了传统的技术打法和其他技术打法在竞争中相互学习和发展，并提高了传统技术打法对其他技术打法的实战适应能力。强调技术政策的整合性，发展了传统近台快攻技术打法，保证了传统技术推陈出新。

技术政策的激励性是确立公平的训练竞赛规则，在选拔优秀运动员上减少主观因素，使所有的运动员都有成为优秀运动员的可能，而成绩好的运动员如果不努力也可能失去原来的位置。在利益分配上，考虑到优秀运动员培养过程中各级教练员的作用，所有在乒乓球人才培养上做出成绩的人员都会受到奖励。技术政策的激励性的主要内容是：中国乒乓球协会定期公布全国优秀运动员排名，确认排名在前32名以内的运动员不论是什么级别，都可以不占名额地参加全国比赛；任何运动员在全国性比赛中获得相应的名次，就可以直接进入国家队或国家一队，如果国家队的运动员达不到相应的名次，就要离开国家队；国家队和国家一队运动员实行按比赛成绩进行升降的制度；对培养出优秀运动员的基层教练员，中国乒乓球协会每年拨专款进行物质性奖励。

（二）管理体制

乒乓球运动管理体制在功能上就是保证技术政策能够在实际中得到执行，管理体制是为技术发展提供的一种制度框架，以保证技术能够在这个框架中稳定地发挥。我国乒乓球管理体制由两个方面组成：一是国家队的管理体制，二是技术管理体制。

在国家队管理体制方面，早期主要是以"领导、教练员、运动员"三结合方式构成。它形成于20世纪50年代末和60年代初期，是政治工作中提倡"群众路线"在乒乓球管理体制中的具体运用。三结合管理体制的关键，是发动群众，调动一切积极因素。这一管理体制是和当时国家政治经济环境相一致的。这一管理体制的特征是运用集体的智慧，分析技术训练的难题和决定比赛方案。在比赛名单和排阵上，各抒己见，由领导集中起来做出决定，形成了目标明确、训练有序且有效的训练工作管理体制。这一管理体制在中国乒乓球技术发展中起到了积极的作用。

改革开放以后，形成了以中国乒乓球协会领导为核心，教练员为主体，科研人员为辅助的国家队管理体制。这个管理体制的主要内容是主教练负责制，负责完成奥运会和其他比赛任务，在国家队内部也形成了一种竞争局面。主教练负责制的目的是提高技术训练的效率，保证技术发展的高水平和赢得世界冠军。新的管理体制继承和发扬了目标明确、训练有序且有效的功能，很好地完成了奥运会和其他比赛的任务。

在技术管理体制方面，包括宏观调控和科学训练安排两个方面。宏观调控是指作为职能部门的中国乒羽中心，围绕奥运会和世乒赛的夺冠任务和国外运动员的技术情况，对国内乒乓球技术发展进行调控，保证技术发展的先进性和针对性。具体方法是：实施全国的少年集训制度，在带动和促进全国少年儿童训练水平中，发现新人；设置不同年龄段的全国少年儿童比赛，使之与乒乓球队伍的梯队建设结合起来；在赛制方面通过增加循环赛的方法，增加比赛的场次，使运动员获得更多的锻炼机会；抓好全国乒乓球4级训练体系的建设，定期举办各级教练员队伍的岗位培训，保证在运动员技术训练的各个阶段，在技术培养方向上有统一的认识①。

作为技术管理的宏观调控，其核心内容是保证中国乒乓球技术发展过程中保持运动员队伍的梯队建设；坚持技术打法以我为主，并具有多样性和全面性的特点；促使具有创新能力的技术发展；使各级教练员能够把握世界乒乓球技术发展的基本方向，保证运动员技术培养的高水平。

科学训练安排，就是使乒乓球技术训练的成功经验和科学认识，能够变成训练计划而得到有效的安排，如"三从一大"的训练原则，"模拟训练"的手段，"男帮女练""以赛带练"的训练方法。训练原则是技术管理的核心内容，是其他训练方法实施的基础。

（三）技术观念

乒乓球技术观念作为乒乓球技术和技术制度的观念形态，包括国家利益的价值取向和反映乒乓球技术发展规律的技术指导思想两个方面的内容。在国家利益的价值取向方面，乒乓球技术发展是以满足国家利益为最高目标的，即国家利益高于一切。乒乓球技术发展的目的是为了国家的需要。在计划经济时代和社会主义市场经济时代，中国乒乓球运动在人才培养的方式上有所不同，但集体主义和祖国利益第一位的原则没有变化。国家利益是激励中国乒乓球技术发展的最根本的思想基础。

在乒乓球技术发展规律的技术指导思想方面，中国乒乓球运动在竞技实践基础上建立和发展了自己独特的技术指导思想。在乒乓球运动纷繁的技术现象中，中国乒乓球界较早地意识到把握反映乒乓球竞技本质的基本要素，将对乒乓球技术发展起到重要的指导作用。也正是有了这种从理论上来把握乒乓球运动本质的思想方法，才使中国乒乓球技术发展始终有比较明确的指导思想。

中国乒乓球技术指导思想是一个逐步形成的过程。20世60年代是对"速度"的认识，它及时总结了近台快攻成功经验的核心要素。随着弧圈球技术

---

① 李仁苏.中国横拍50年[J].乒乓世界,2004(7):48.

的不断完善，引起了对弧圈球技术的讨论，在中国近台快攻"以快为主""以快制转"的技术指导思想中加大了"旋转"概念的分量。

第40届世乒赛中国男队失利后，对"旋转"理解加深了。这一时期，中国乒乓球界在乒乓球理论上已经系统地提出了"弧线""力量""速度""旋转"和"落点"5个影响乒乓球技术的物理要素，并把它们作为乒乓球技术训练的理论基础。这5个要素是乒乓球技术发展的内在规定性，速度和旋转在乒乓球竞技中具有决定性作用。

根据中国乒乓球队的技术特点，中国乒乓球界提出了以"快、准、狠、变、转"作为快攻技术打法的技术指导思想，以"转、快、准、狠、变"作为弧圈技术打法的技术指导思想，以"转、稳、低、变、攻"作为削球技术打法的技术指导思想。它们对竞技和技术训练起具体指导作用，明确了制胜因素在竞技和技术训练中"如何做"。

乒乓球技术指导思想的提出以及不断完善，不仅加深了对乒乓球运动制胜规律的认识，而且统一了乒乓球技术训练的基本思路，为把握乒乓球技术发展的趋势，理解制胜方法，保证乒乓球技术发展的高水平，指出了明确的方向。

在乒乓球技术手段的学习中，能够结合自己成功经验并有所创新，导致了乒乓球技术的中国化。在乒乓球技术制度中，技术政策确立了竞争的公平原则。技术管理体制上实施的宏观调控，贯彻了科学训练原则。从技术文化的角度进行分析，中国乒乓球技术发展中的技术中国化过程，产生于技术制度安排中，并受到相关技术观念的影响。中国乒乓球技术发展不是单一方面的发展，也不能认为哪一方面的发展更重要。中国乒乓球技术发展过程可以肯定地说是一个系统的发展过程。

在乒乓球技术观念中，国家利益作为中国乒乓球运动员的基本职业价值观，团结着整个乒乓球队伍，它是激励乒乓球技术发展、维系中国乒乓球技术训练体系、保证乒乓球技术政策的贯彻、稳定和改进乒乓球技术体制、严格进行乒乓球技术管理最根本的思想基石。乒乓球技术指导思想的形成和发展，不仅加深了对乒乓球运动制胜规律的认识，并且还形成了一整套的技术操作方法，它们为把握乒乓球技术发展的趋势、理解制胜的方法、保证乒乓球技术的高水平发展，提供了明确的理论方向和可靠的技术保证。

第三节　部分世界冠军简介

（一）容国团

容国团，中国乒乓球乃至中国体育界第一个世界冠军。1937年生于香港工人家庭，籍贯中山市南屏镇人（今珠海市香洲区南屏镇）。

容国团从小喜爱乒乓球运动。1957年2月，他参加香港埠际乒乓球赛，一举获得男子团体、男子双打和男子单打三项冠军。4月，日本队到香港访问，容国团击败了刚获男单冠军的荻村伊智朗。11月，容国团进入广州体育学院学习。1959年，第25届世乒赛在联邦德国的多特蒙德举行，容国团夺得男单冠军，为中国夺得体育比赛中第一个世界冠军。回国后，党和国家领导人接见了乒乓球代表团成员。周总理更将容国团夺冠和十周年国庆视为1959年两件大喜事，将中国首次生产的乒乓球命名为"红双喜"，乒乓球热迅速在全国兴起。1961年，第26届世乒赛在北京举行，容国团代表的中国队以5比3击败日本队，首获男团世界冠军。1964年，容国团担任中国乒乓球女队教练，带队获得第28届世乒赛女子团体冠军。

容国团为中国乒乓球称雄世界做出了杰出贡献。其格言"人生能有几次搏"成为中国广大体育健儿的座右铭。

2019年9月25日，容国团获"最美奋斗者"个人称号。

（二）庄则栋

庄则栋，1940年生于江苏扬州，自幼喜爱乒乓球运动，14岁加入北京市少年宫业余体校乒乓球小组。1957年，入选北京市乒乓球队，同年参加全国比赛。1959年，入选中国青年乒乓球队。曾获得第26—28届世乒赛男子单打冠军，是20世纪六七十年代中国男子乒乓球队主力队员。

（三）徐寅生

徐寅生，1938年生于上海，祖籍江苏苏州。1959年，徐寅生成为国家乒乓球集训队队员。四次参加世乒赛，1961年在第26届世乒赛上获男单第三名，且是获得男团冠军的中国队的主力队员。作为中国乒乓球界"三巨头"之一的徐寅生，担任原国家体委副主任后，经常穿运动服和运动员一起打球，并时刻关注年轻运动员的技术和心理。在他担任国际乒联主席期间，为乒乓球运动进入奥运会大家庭立下了汗马功劳，并积极推动了40毫米大球取代38毫米小球。为了乒乓球运动将来能够有更大的发展空间，1999年徐寅生自动放弃连任国际乒联主席。如今，他担任中国乒协主席和《乒乓世界》杂志的主编。

（四）郭跃华

郭跃华，1956年生于福建厦门，身高1米67，8岁开始学打乒乓球。厦门是中国南方一个沿海城市，由于经常在海边玩耍，郭跃华从小练就了一副健壮的体魄。

无论在业余体校还是在福建队，郭跃华都喜欢与比他大、水平比他高的队员训练，事实证明，这一点对他的成功起到了很大帮助。还没有正式进国家队时，他就曾得到徐寅生的指点，由正胶改为反胶，在速度快的基础上增加了旋转变化，很快显示出了他的优势。他多次入选国家青年队的大型集训。1973年，他正式入选国家队。

郭跃华的迅速崛起填补了庄则栋离去的空缺。1977年，21岁的郭跃华参加了第34届世乒赛，为中国男团再次夺冠立下战功。单打比赛中，郭跃华击败匈牙利的天才选手克兰帕尔和我国的削球手黄亮以后进入了决赛，最后不敌当时已经34岁的日本生胶快攻选手河野满。1979年，已经成为世界第一的郭跃华参加第35届世乒赛，单打比赛中一路高奏凯歌进入决赛，但最终遗憾地不敌日本新秀小野诚治，连续两届屈居亚军。

1980年，郭跃华获得首届世界杯单打冠军。1981年第36届世乒赛，郭跃华连克老对手克兰帕尔、名将舒尔贝克，并在决赛中战胜队友蔡振华，首度获得世乒赛男单冠军。1983年第37届世乒赛，赛前就已经确定退役的郭跃华一路连斩陈新华、江嘉良和蔡振华，蝉联单打冠军，并在混双比赛中与倪夏莲合作，连胜三对队友夺冠。可以说在1975—1983年间，郭跃华几乎是成绩最好最稳定的选手，成为那个时代的统领者。

（五）张燮林

张燮林，祖籍江苏镇江，1940年生于上海，从小喜欢打乒乓球。作为乒乓球运动员，他曾在北京举行的第26届世乒赛上获得男团冠军；在第27届世乒赛上，与王志良合作首次为中国队夺得男双冠军；在第31届世乒赛上，他又和林慧卿合作为中国队第一次夺得混双冠军；1972年至1995年任中国乒乓球女队主教练，率队获得十届世乒赛女团冠军。培养了邓亚萍、焦志敏、黄俊群等一大批世界冠军。1996年，国际乒联将第一个"世界最高教练员荣誉奖"授予了张燮林。

（六）郗恩庭

郗恩庭，1946年生于河北唐山。1971年在第31届世乒赛上获男单第三名，并是获得男团冠军的中国队的主力队员；1973年在第32届世乒赛上获男单冠军；1990年接替许绍发继任中国乒乓球男队主教练，并先后到法国、南斯拉夫、日本等国执教。

（七）许绍发

许绍发，1945年出生，吉林省白山市长白朝鲜族自治县人。1973年第32届世乒赛上获男团亚军；1975年第33届世乒赛上获男团冠军；1985年率队夺得第38届世乒赛男团、男单冠军，同年率队夺得世界杯男单冠军；1986年率队夺得世界杯男单冠军；1987年率队夺得第39届世乒赛男团、男单、男双冠军，同年率队夺得世界杯男单冠军；1988年率队夺得第24届奥运会女单、男双冠军；1989年率队夺得第40届世乒赛男团亚军，同年率队夺得世界杯男单冠军。

1977年任中国乒乓球队教练；1983年任中国乒乓球男队教练组长、主教练、副总教练；1985年至1992年任总教练，率队获得12项世界冠军、2枚奥运会金牌，并多次获体育荣誉奖章；1987年获"全国十佳教练"称号，2001年第46届世乒赛期间获得国际乒联颁发的"国际乒联贡献奖"，该奖项是国际乒联发给那些为乒乓球运动的发展做出重大贡献的人士；2003年获得中国乒乓球队建队五十周年杰出贡献奖。

（八）江嘉良

江嘉良，1964年生于广东中山。江嘉良7岁起学打乒乓球，9岁从石岐体校调到省体校，13岁入选省队，15岁成为广东队主力，1979年成为国家队队员。1983年，江嘉良参加第37届世乒赛，是获得男团冠军的中国队的主力队员。1985年第38届世乒赛上获男团、男单冠军。1987年第39届世乒赛上获男团、男单冠军。

1985年、1987年两次被评为"全国十佳运动员"。1985年被评为广东省劳动模范。1987年获中华全国总工会颁发的"五一劳动奖章"。

（九）蔡振华

蔡振华，1961年出生，江苏无锡人。1979年第35届世乒赛上获男团冠军；1980年第5届亚锦赛上获男团冠军、男双亚军（与施之皓）、混双第三名（与齐宝香）；1981年第36届世乒赛上获男双冠军（与李振恃）、男单亚军、男团冠军；1983年第37届世乒赛上获男单亚军、混双第三（与曹燕华）、男团冠军；1985年第38届世乒赛上获混双冠军（与曹燕华）、男双第三（与江嘉良）。

1980年，蔡振华获得"中国运动健将"称号。26年运动生涯中，蔡振华10次荣获国家体委颁发的"体育运动荣誉奖章"。1983年3月14日，瑞典邮政局发行了两枚第37届世乒赛纪念邮票，其中一枚为蔡振华比赛场面，他成为第一个在国外邮票上出现的中国运动员。1997年获"国家机关十大杰出青年"称号。2001年被国家体育总局授予"优秀共产党员"和"优秀党务工作者"称号。2009年当选为"光耀60年新中国最具影响力体育人物"。

（十）梁戈亮

梁戈亮，1950年生于广西玉林。1971年在第31届世乒赛上获男双冠军（与庄则栋）；1973年在第32届世乒赛上获混双冠军（与李莉）；1975年在第33届世乒赛上获混双第三名（与张立）；1977年在第34届世乒赛上获男双冠军（与李振恃）、男单第三名；1979年在第35届世乒赛上获混双冠军（与葛新爱）、男单第三名、男双第三名（与郭跃华）。

1978年、1979年两次获得国家体委颁发的"体育运动荣誉奖章"。

（十一）李振恃

李振恃，1949年出生，四川华阳人。李振恃15岁成为上海市少年冠军，1966年进入空军乒乓球队，1973年被选入"八一"乒乓球队，同年被选入国家乒乓集训队。李振恃是直拍快攻打法，正手攻球速度快，高抛发球变化多样。

李振恃是第33届和第34届世乒赛中国男队的主力队员，在第34届世乒赛上获得男双冠军（与梁戈亮）和混双第三名（与阎桂丽）；在第35届世乒赛上获得男单第三名、混双亚军（与阎桂丽）和男双第三名（与王会元）；1980年在第1届世界杯乒乓球赛中获男单亚军；1981年在第36届世乒赛上获男双冠军（与蔡振华）。此外，他还获得4次全国乒乓球赛男子单打冠军，1次混合双打冠军。

1978年、1981年李振恃两次获国家体委颁发的"体育运动荣誉奖章"。

（十二）陈龙灿

陈龙灿，1965年生于四川成都。1978年入选四川省乒乓球队，1981年被选入国家乒乓球集训队。他手腕力量强，步法灵活，球路刁，落点准，攻击快速凶猛。

1984年第7届亚洲乒乓球锦标赛男单亚军、男双亚军、混双第三名；1985年第38届世乒赛上获男团冠军、男单亚军；1986年第7届世界杯乒乓球赛上获男单冠军；1987年第39届世乒赛上获男双冠军（与韦晴光），并是获男团冠军的中国队的主力队员；1988年第24届奥运会上获男双冠军（与韦晴光）。

1981年获"运动健将"称号。1985年获"国际级运动健将"称号。1985年以来4次获国家体委颁发的"体育运动荣誉奖章"。1987年被评为"全国十佳运动员"。

（十三）韦晴光

韦晴光，1962年生于广西南宁，8岁进入南宁市业余体校，1972年开始接受专业训练，并进入广西队，1984年代表广西获得全国团体、男单、混双三项冠军，次年又获得全国男双冠军，并进入国家队。1987年和1988年，韦晴光与陈龙灿合作，先后获得第39届世乒赛和汉城奥运会乒乓球男双冠军。

1987年，获国家体委颁发的"体育运动荣誉奖章"；1988年，被评为"全国十佳运动员"。

（十四）王涛

王涛，1967年出生于北京。3岁起，在父亲的引导下开始学打乒乓球；1980年被招入中国人民解放军队；1988年11月入选国家队。

1991年在第41届世乒赛上获混双冠军（与刘伟）、男双亚军（与吕林），同年在第12届世界杯乒乓球赛上获男团冠军；1992年在第13届世界杯乒乓球赛上获男单亚军，同年在第25届巴塞罗那奥运会上获男双冠军（与吕林）；1993年在第40届世乒赛上获男双（与吕林）、混双（与刘伟）冠军；1994年在世界明星巡回赛总决赛上获冠军；1995年在第43届世乒赛上获男团、男双（与吕林）、混双（与刘伟）冠军；1996年在第26届亚特兰大奥运会上获男单亚军、男双亚军（与吕林）。

（十五）吕林

吕林，1969年出生，浙江省台州人。吕林从6岁开始学习打球，1977年进入浙江省体校，1979年入选浙江省乒乓球队，1986年进入中国青年队，

1988年入选国家队。

1991年在第41届世乒赛上获男双亚军（与王涛）；1992年在第25届巴塞罗那奥运会上获男双冠军（与王涛）；1990年在全国乒乓球锦标赛上首获男双冠军（与王涛），同时获得男单银牌。在第42、43届世乒赛上，又连获男双桂冠（与王涛）；1993年获第7届全运会乒乓球赛男单冠军；1996年在第26届奥运会乒乓球比赛中获男双亚军（与王涛）；1997年赴日本打球；1998年回国担任中国男子乒乓球队教练。曾荣获国家体育运动一级奖章和"国际级运动健将"称号。

（十六）孔令辉

孔令辉，1975年出生，黑龙江省哈尔滨人，世界著名乒乓球运动员。世乒赛、世界杯和奥运会乒乓球赛男子单打"大满贯"得主。2006年正式宣布退役，任中国女子乒乓球队教练。2013年正式担任中国女子乒乓球队主教练。

20世纪80年代，正是中国乒乓球处于低谷的时候，尤其是男子乒乓球队遇到了非常大的困难，中国直拍快攻打法受到欧洲横拍打法的严重威胁，成绩滑坡。当时国家组建了一支国家青年队，他们的任务就是要冲击世界冠军。20世纪90年代以后，这批年轻的运动员承担了中国乒乓球在世界舞台上摘金夺银的重任。

1995年在第43届世乒赛上获男团、男单冠军，同年获第16届乒乓球世界杯男单冠军；1996年获中国乒协杯男双（与刘国梁）、男单冠军，在第26届亚特兰大奥运会获男双冠军（与刘国梁），同年获首届国际乒联职业巡回赛总决赛男单冠军。1997年在第44届世乒赛上获团体比赛冠军、男双冠军（与刘国梁）、混双亚军（与邓亚萍）、男单并列第三名；1999年在第45届世乒赛上获男双冠军（与刘国梁）；2000年在第27届悉尼奥运会上获男单冠军、男双亚军（与刘国梁）；2001年在第46届世乒赛上获男团冠军，男单、男双亚军（与刘国梁）；2003年在第47届世乒赛上获男团冠军、男双亚军（与王皓）；2005年在第48届世乒赛上获男双冠军（与王皓）。

（十七）刘国梁

刘国梁，1976年生于河南新乡，刘国梁从6岁开始学打乒乓球，1989年入选国青队，1991年入选国家队。运动员时代的刘国梁多次获得男单世界冠军、男双世界冠军、混双世界冠军，作为主力队员与队友一起多次获得男团世界冠军，是首位在正式比赛中采用直拍横打技术并取得成功的乒乓球选手，是中国男子乒乓球历史上第一位集奥运会、世乒赛、世界杯冠军于一身的"大满贯"得主。

2017年4月，刘国梁卸任中国乒乓球男队主教练，同年6月，刘国梁卸任中国乒乓球队总教练，同时出任中国乒乓球协会副主席。2018年8月，刘国梁入围第二届国际奥委会终身教练奖候选人。2018年12月，刘国梁任中国乒乓球协会主席。

1993年获第42届世乒赛男团亚军、男双第三名（与林志刚），亚洲杯男单第三名；1994年获全国锦标赛男团、男双冠军（与林志刚）、混双第三（与乔云萍），第12届亚锦赛男双冠军（与林志刚）、男单亚军，乒乓球世界杯团体赛男团冠军；1995年获第43届世乒赛男团冠军、男单亚军、男双第三名（与林志刚），乒乓球世界杯男单第三名，亚洲杯团体赛男团冠军；1996年第26届亚特兰大奥运会上获男双（与孔令辉）、男单双料冠军，中国乒协杯赛男双冠军（与孔令辉）、男单第三名，世界杯乒乓球赛男单冠军；1997年获第44届世乒赛男团、混双（与邬娜）、男双（与孔令辉）冠军，国际乒联职业巡回赛总决赛男双冠军（与孔令辉）；1998年获国际乒联职业巡回赛总决赛男单亚军，第13届亚运会男团冠军、男双冠军（与孔令辉）、男单亚军，第14届亚锦赛男团、男双（与马琳）冠军、男单并列第三名，世界杯乒乓球赛男单第四名。1999年获国际乒联职业巡回赛总决赛男单亚军，首届世界乒乓球俱乐部赛冠军，第45届世乒赛男单、男双冠军（与孔令辉）。2000年获第45届世乒赛男团亚军，第27届悉尼奥运会男单第三名、男双亚军（与孔令辉）；2001年获第46届世乒赛男团冠军、男双亚军（与孔令辉）。

（十八）王励勤

王励勤，1978年生于上海。王励勤6岁开始打球，13岁进上海队，15岁入选国家二队，18岁进国家一队。1997年在第44届世乒赛上获混双季军；2001年，王励勤在第46届世乒赛上获男单、男双、男团三项冠军；2004年，王励勤再获第47届世乒赛男团冠军；2007年在第49届世乒赛上获男单冠军。王励勤现任中国乒协副主席，政协第十三届全国委员会教科卫体委员会委员。

（十九）王皓

王皓，1983年生于吉林长春。1990年开始专业训练乒乓球，1996年进入"八一"队，1998年入选国家二队，1999年获亚洲少年锦标赛男单冠军，2000年初升入国家一队。2004年雅典奥运会不敌柳承敏（韩国），获得男单亚军，2008年获北京奥运会男单亚军，2009年获第50届世乒赛男单冠军，2010年获第31届世界杯男单冠军，2010年获广州亚运会男双冠军（与张继科）。2011年8月27日，入驻国际乒联名人堂。2011年，王皓惜败队友张继科，获第51届世乒赛男单亚军。2012年获第30届伦敦奥运会乒乓球赛男单亚军。

2014年12月21日，王皓正式宣布退役。王皓职业生涯共获得18个世界冠军，和马琳与邓亚萍并列排在国乒历史上的第三位，仅次于张怡宁的19个和王楠的24个。2017年3月，王皓担任国家乒乓球队教练。2019年10月，王皓担任第七届世界军人运动会开幕式火炬手。

（二十）张继科

张继科，1988年生于山东青岛。他是乒坛历史上第7位大满贯选手，也是继刘国梁、孔令辉后中国男乒史上第3位大满贯选手。

2000年，张继科进入山东鲁能乒乓球队。2002年3月，进入国家二队；10月，获得首届世界少年挑战赛男子单打冠军。2003年1月，进入国家一队；9月，获得世界青少年巡回赛新西兰公开赛决赛冠军。2008年，在全国锦标赛中以全胜战绩为解放军队获得男团冠军。2009年，在第6届世界杯乒乓球团体赛上获得首个世界冠军。2011年，在第51届鹿特丹世乒赛中赢得职业生涯首个世乒赛男单冠军；同年，获得第32届世界杯乒乓球赛男单冠军。2012年，获得世界杯乒乓球团体赛冠军；8月，在伦敦奥运会中获得男单冠军，实现了世乒赛、世界杯、奥运会三项个人冠军的"大满贯"。2013年，获得第52届巴黎世乒赛男单冠军。2014年，在仁川亚运会搭档马龙夺得男双冠军；同年，在第35届德国世界杯乒乓球赛中夺得第2个世界杯男单冠军。2016年8月，在里约奥运会中获得男单亚军和团体冠军。2017年，在江苏无锡带伤复出，获得亚洲乒乓球锦标赛男团冠军、男单季军；10月，他获得2017年度大本钟奖体育类赫拉特勒斯奖全球十佳运动员。

（二十一）马龙

马龙，1988年生于辽宁鞍山。2014年任中国男子乒乓球队队长，乒坛史上第10位"大满贯"选手，首位集奥运会、世锦赛、世界杯、亚运会、亚锦赛、亚洲杯、巡回赛总决赛、全运会单打冠军于一身的超级"全满贯"男子选手。

马龙从5岁开始在辽宁鞍山学习乒乓球；2001年被关华安教练发掘，带到北京继续学习；2003年进入国家队；2004年获得世青赛男单冠军；2009年在亚锦赛中夺得团体、男单、男双和混双四项冠军，这也是自1984年谢赛克以来中国的首个四冠王；2012年，在世界杯乒乓球赛中获得他的第一个男单世界冠军；2013年，蝉联亚锦赛男单冠军，成为史上第一位亚锦赛男单三连冠的选手；2014年，获得亚洲杯男单冠军，成就亚洲杯四冠；2015年，连续夺得苏州世乒赛、世界杯乒乓球赛、国际乒联世界巡回赛总决赛男单冠军，成为乒乓球历史上首位一年内取得这三项冠军的男子球员。

2017年1月15日，获得"2016年CCTV体坛风云人物最佳男运动员"奖。2017年5月，获得"2017年全国向上向善好青年"称号。2017年10月，马龙被评为第十三届全运会北京体育代表团"最佳运动员"。2017年10月，马龙获2017年度大本钟奖体育类赫拉特勒斯奖全球十佳运动员。

（二十二）陈玘

陈玘，1983年生于江苏南通。6岁进入南通业余体校，12岁入选江苏省队，19岁进入国家一队。2003年，韩国乒乓球公开赛决赛陈玘获得男单亚军、男双冠军。2004年，雅典奥运会男双决赛，马琳/陈玘获得男双冠军。2006年1月22日，斯洛文尼亚乒乓球公开赛男单决赛，陈玘获得亚军。2013年，陈玘正式出任江苏乒乓球男队主教练。2014年2月27日，陈玘正式退役。

（二十三）许昕

许昕，1990年生于江苏徐州。中国乒乓球历史上首位在世界三大赛中赢得男单冠军的左手球员。

2004年，许昕在世界少年挑战赛上同时获得男团、男单、男双冠军。2006年，入选国家一队。2009年，全运会上与王励勤获得男双冠军。2010年，广州亚运会获得混双、男团冠军及男双亚军。2011年，获得鹿特丹世乒赛男双冠军。2012年，许昕在国际乒联职业巡回赛总决赛中夺得男单冠军，并在次年总决赛男单决赛中，以4比3战胜马龙，成为继马龙之后第二位卫冕总决赛男单冠军的选手。2013年，世界杯乒乓球赛上获得男单冠军，成为中国首位在世界三大赛中获得男单冠军的左手运动员。2014年，仁川亚运会上获得男单、男团冠军及男双亚军。2015年，在苏州世乒赛中获得混双、男双冠军；同年10月的全国乒乓球锦标赛上，同时拿到男团、男单和男双三项冠军。2016年，获得里约奥运会乒乓球男团冠军。2017年杜塞尔多夫世乒赛上，获得男双冠军及男单季军。2017年，率领上海队夺得全运会乒乓球男团冠军。

（二十四）邱钟惠

邱钟惠，女，1935年出生，云南昭通绥江人。1953年进入中国女子乒乓球队。1961年获得第26届世乒赛女单冠军、女团和女双第二名，成为中国获得世界女子乒乓球比赛冠军的第一人。曾五次获全国乒乓球比赛女单冠军，是第24、25、27届世乒赛女团第三名和第26届女团亚军的主力队员，并获第

25届女单、女双（与孙梅英）第三名和第26届女双亚军（与孙梅英）。

（二十五）林惠卿

林惠卿，1941年出生，是中国女乒早期国手中战绩最辉煌的一位。早在1965年世乒赛，她就和郑敏之、梁丽珍、李赫男等，为中国女队首捧考比伦杯立下了赫赫战功。1971年，中国乒乓球队时隔两届后重返世乒赛，这届比赛中国女乒在团体赛中遭遇挫败，以1比3不敌日本队屈居亚军。不过在随后的单项赛上，林惠卿上演英雄本色，她连续夺得女单、女双和混双（与张燮林）三枚金牌，算上1965年获得的一枚团体赛金牌，林惠卿成为中国乒坛历史上第一位实现世乒赛"大满贯"的选手。

（二十六）胡玉兰

胡玉兰，1945年出生。1960年进入辽宁队，1964年被选入国家乒乓球集训队。胡玉兰的横拍全攻打法、反手推挡很有特色，球路变化多。1965年获斯堪的纳维亚乒乓球锦标赛女单亚军。胡玉兰是第1届亚洲乒乓球锦标赛女团冠军、第32届世乒赛女团亚军和第33届世乒赛女团冠军的主力队员，并获第32届世乒赛女单冠军。1975年起任国家乒乓球队教练。从1978年起曾4次获得国家体委颁发的"体育运动荣誉奖章"。1981年获"国家级教练"称号。

（二十七）葛新爱

葛新爱，1953年生于河南长垣，1970年进入河南乒乓球队，1973年被选入国家乒乓球集训队。葛新爱的直拍削球打法，削球低而旋转，守中有攻，发球变化多，落点好。

1975年在第33届世乒赛上获得女单第三名，并是获得女团冠军的主力队员。1977年在第34届世乒赛上获女单和女双（与张立）两项第三名，并是获得女团冠军的主力队员。1979年在第35届世乒赛上获女单和混双（与梁戈亮）两项冠军，女双亚军（与阎桂丽），并是获得女团冠军的主力队员。1981年获"运动健将"称号。1978年、1979年两次获国家体委颁发的体育运动荣誉奖章。1980年任河南乒乓球队教练。

（二十八）童玲

童玲，1963年出生。1971年入自贡市业余体校进行乒乓球训练，1975年入北京部队乒乓球队，1977年被选入国家乒乓球集训队。童玲的横拍削球打法，削球稳健，以守为主，攻守结合。

1978年获斯堪的纳维亚乒乓球锦标赛女单和混双（与黄亮）冠军、女双亚军（与葛新爱）；1979年获第35届世乒赛女单第三名；1981年和1983年在第36、37届世乒赛中，是女团冠军主力队员，并获第36届世乒赛女单冠军、女双（与卜启娟）和混双（与陈新华）亚军，第37届世乒赛混双（与陈新华）亚军、女双（与卜启娟）第三名。

1980年获"运动健将"称号，1985年获"国际级运动健将"称号。曾4次获得国家体委颁发的"体育运动荣誉奖章"。1981年被评为"全国十佳运动员"。

（二十九）曹燕华

曹燕华，1962年生于上海市。她的直拍快攻结合弧圈球打法，速度快，落点好，拉球旋转性强，善于变化。

曹燕华5岁练习乒乓球，1977年进入国家队。16岁战胜世界单打冠军朴英顺获得亚锦赛女单冠军，同年进入团体赛阵容并获得世界冠军。她在世乒赛上获得七次世界冠军：三次获得世乒赛团体冠军，两次获得女单冠军，一次获得女双冠军（与张德英），一次获得混双冠军（与蔡振华）。在第36届世乒赛上，她与张德英合作，随着她最后一板的扣杀成功，新添了世界女子双打冠军的称号，也使中国队囊括了世乒赛全部七项冠军，创造了国际乒坛有史以来，包揽全部七项冠军和五个单项亚军的历史纪录。当时，她是继林惠卿后又一位赢得世乒赛四个项目"大满贯"的中国运动员。

104

（三十）邓亚萍

邓亚萍，1973年生于河南郑州。5岁时，邓亚萍开始打乒乓球。1988年正式进入国家队。1989年，年仅16岁的邓亚萍首次参加世乒赛就夺得女双冠军（与乔红）。1992年巴塞罗那奥运会，作为中国队的绝对主力，邓亚萍夺得女单、女双两枚金牌。1996年亚特兰大奥运会，邓亚萍复制了四年前的奇迹，成为中国奥运历史上第一个夺得四枚奥运金牌的人。1998年，邓亚萍正式宣布退役。邓亚萍运动生涯中，共拿到18个世界冠军，她在乒坛排名连续8年保持世界第一，是乒乓球运动史上排名"世界第一"时间最长的女运动员。

（三十一）乔红

乔红，1968年生于湖北武汉。7岁开始打乒乓球，1980年进入湖北省乒乓球队。1987年入选国家乒乓球队，1996年亚特兰大奥运会结束后，正式退出国家队。

乔红是右手横握球拍两面拉弧圈结合快攻打法。曾获第40届世乒赛女单与女双（与邓亚萍）冠军，第1和第2届世界杯乒乓球赛女团冠军，第25届奥运会女双冠军（与邓亚萍），第2届世界杯乒乓球赛女双冠军（与邓亚萍），第42届世乒赛女团冠军，第43届世乒赛女团、女双冠军（与邓亚萍）和女单亚军，第26届奥运会女单第三名、女双冠军（与邓亚萍）。

乔红除了发球极具威胁之外，其反手快拨或快带能有效地牵制住对方半台区域内的进攻火力；正手拉扣结合处理得当，命中率高；两面摆速快，能对付不同技术的打法。她技术全面，临场心理状态稳定。专家们认为，在亚洲范围内，乔红是女子横握球拍两面拉弧圈打法向男子化方面发展最成功的代表。

（三十二）郭跃

郭跃，1988年生于辽宁鞍山，6岁开始打球，1996年进入省体校，2000年入选国家队。2004年第47届世乒赛女团冠军成员，成为中国乒乓球历史上最年轻的世界冠军。2008年北京奥运会和2012年伦敦奥运会连续两届获得乒乓球女子团体赛冠军。2014年12月，郭跃出任辽宁女子乒乓球队教练员。

（三十三）王楠

王楠，1978年生于辽宁抚顺，7岁开始打球，1989年进入辽宁省队，

1993年入选国家队。1998年赢得中国乒乓球明星赛的女单、女双冠军，以及不同地区的公开赛冠军，又在亚锦赛上揽得女团、混双冠军与女单亚军；曼谷亚运会中，王楠一举上演"大四喜"，包揽乒乓球项目的四枚金牌（女单、女团、混双（与王励勤）以及女双（与李菊）），其后在世界杯中赢得女单冠军及世界职业巡回赛女单冠军，世界排名超越邓亚萍登上世界第一。2000年悉尼奥运会上获女单冠军、女双冠军（与李菊）。2008年北京奥运会获单打亚军、团体冠军。王楠获得的世界冠军达到24个。

（三十四）张怡宁

张怡宁，1981年生于北京，6岁时开始打球，1991年进入北京队，1993年进入国家队。1999年，在第45届世乒赛上获得女团冠军与女单亚军。2001年，获得第46届世乒赛女团冠军；同年，张怡宁还获得世界杯女单冠军和第九届全运会女团冠军。2004年，张怡宁在雅典奥运会上与王楠合作获得女双冠军，并同时夺得女单冠军。2005年，张怡宁夺得第48届世乒赛女单冠军，实现了个人世乒赛、奥运会和世界杯的"大满贯"。2006年，德国世乒赛上，张怡宁率领中国队第16次捧起考比伦杯。2008年，北京奥运会上，张怡宁与郭跃、王楠合作夺得女团冠军，随后在女单决赛中击败王楠成功卫冕，四年后再度夺得双料冠军。2011年3月31日，张怡宁正式宣布退役。

（三十五）李晓霞

李晓霞，1988年生于辽宁鞍山，7岁开始打乒乓球，1998年入选山东体工队，2001年进入国家二队，2002年进入国家一队。2008年获世界杯乒乓球赛女单冠军。2010年获亚运会女单冠军。2012年获伦敦奥运会女单、女团冠军。2013年获第52届世乒赛女单冠军，成为"大满贯"得主；同年获第12届全运会冠军，成为全满贯得主。

2016年获第53届世乒赛女团冠军，并获最有价值球员；同年获里约奥运会乒乓球赛女单亚军、女团冠军。

（三十六）丁宁

丁宁，1990年生于黑龙江省大庆市，1996年开始练习乒乓球，2003年进入国家青年队，2005年进入国家一队。2009年，丁宁获得职业生涯首个世界冠军，跻身国家队主力。2011年5月，丁宁获得第51届鹿特丹世乒赛女单冠军。2012年伦敦奥运会上获得女单亚军、女团冠军。2015年5月，丁宁获得苏州世乒赛女单冠军。2016年8月11日，里约奥运会乒乓球女单决赛，经过7局苦战后，丁宁击败李晓霞，首次夺得奥运女单冠军，成为乒乓球历史上又一位"大满贯"选手；8月17日，获得里约奥运会乒乓球女团冠军；8月22日，担任中国代表团里约奥运会闭幕式旗手，这也是中国乒乓球队第一次有队员担任旗手。2017年2月，丁宁当选中国女子乒乓球队队长；6月4日，在第54届杜塞尔多夫世乒赛中，丁宁成功卫冕女单冠军；6月5日，丁宁与刘诗雯成功夺得女双冠军，成为中国女乒历史上在同一届世乒赛上获得女单、女双双冠的第六人。

2017年8月3日，第13届全国运动会北京市体育代表团成立，丁宁正式被任命为北京代表团开幕式旗手；9月6日，2017年天津全运会乒乓球比赛进入到女单决赛的争夺，"大满贯"得主丁宁4比2夺冠，成为全运会历史上第10位女单冠军。自此，丁宁成为中国乒坛第六位包揽奥运会、世乒赛、世界杯、全运会的"全满贯"选手；12月20日，丁宁在2017年中国十佳劳伦斯冠军奖颁奖盛典上获"最佳女运动员"奖。

（三十七）刘诗雯

刘诗雯，1991年生于辽宁抚顺，5岁开始练习乒乓球，7岁进入广州伟伦体校，正式开始了自己的乒乓球生涯，11岁进入广东省队，2004年进入国家二队。

2004年7月取得乒乓球亚洲少年赛团体冠军和女双冠军；2007年获得全国锦标赛冠军；之后，获2009年广州女乒世界杯、2012年黄石女乒世界杯和2013年神户女乒世界杯三届单打冠军；2013年第十二届全运会上，刘诗雯与张超代表广东队出战混双决赛，并摘得银牌。2014年10月，获得仁川亚运会乒乓球女单冠军。2015年第四次荣获世界杯女单冠军；同年被国家体育总局授予"国际级运动健将"称号，并荣获国际乒联颁发的"年度最佳女运动员"奖项。2016年获得第53届世乒赛女团冠军以及亚洲杯女单冠军；同年，在全国乒乓球锦标赛混双决赛中，刘诗雯/林高远击败北京队的马龙/丁宁，获得混双冠军。2017年荣获亚锦赛女团六连冠，也是第17次夺冠；同年，在第54届杜塞尔多夫世乒赛中，刘诗雯与丁宁成功夺得女双冠军。2019年获得第55届世乒赛女单冠军和混双冠军（与许昕）；同年女乒世界杯决赛，刘诗雯以4比2战胜朱雨玲获得冠军，她也成为女乒世界杯历史上第一位"五冠王"。

（三十八）朱雨玲

朱雨玲，1995年生于四川绵阳，5岁开始打乒乓球，2010年1月进入国家二队。2010年首次参加成年组国际公开赛即获得亚军；2010年世青赛上获女单冠军、女双冠军。2011年1月进入国家一队，2011年获世青赛女团冠军、女单亚军，全国青少年锦标赛女单冠军。2012年获世界青少年乒乓球锦标赛女团、女单、女双三项冠军。2013年首次参加世乒赛即获得女单四强、女双四强的成绩。2014年，获得第52届世乒赛女团冠军；仁川亚运会乒乓球女双比赛，朱雨玲/陈梦以4比2战胜队友刘诗雯/武杨夺取金牌，实现了亚运会女双的三连冠；在仁川亚运会乒乓球女单决赛中，朱雨玲获得亚军。2015年获得首届青运会乒乓球项目女单、混双冠军。2017年，第54届世乒赛女单决赛中，朱雨玲获得亚军；全运会乒乓球女团决赛中四川队（朱雨玲领衔）获得冠军；获得2017年第30届亚洲杯女单冠军、第21届女乒世界杯女单冠军。

（三十九）王曼昱

王曼昱，1999年生于黑龙江齐齐哈尔，5岁开始学习打球。2008年入选黑龙江省集训队，2013年进入国家青年队，2016年进入国家一队。

2013年获全国少年乒乓球锦标赛女单冠军、全国青年乒乓球锦标赛女单冠军；同年获世界青年锦标赛女团第一名、女双第二名、女单第三名。2014年，代表黑龙江省女子乒乓球队夺得全国乒乓球锦标赛女团冠军，这是继黑龙江省1986年焦志敏时代夺冠后时隔28年再次夺冠；同年，在上海获得乒乓球世界青年锦标赛女单冠军、女团冠军以及女双亚军。2015年，再次蝉联世界青年锦标赛女单冠军。2017年，在天津全运会乒乓球混双决赛上，于子洋/王曼昱最终4比1战胜郝帅/王艺迪夺冠。2018年，在伦敦举行的2018国际乒联团体世界杯女子团体决赛中，中国队选手丁宁、王曼昱、陈幸同、朱雨玲、刘诗雯夺得冠军。2018年，在瑞典哈尔姆斯塔德举行的第54届世乒赛女团决赛中，中国队丁宁、刘诗雯、朱雨玲、陈梦、王曼昱夺冠；同年，在雅加达亚运会乒乓球女团决赛中，由朱雨玲、陈梦、王曼昱、陈幸同、孙颖莎组成的中国队以3比0战胜朝鲜队夺冠。

第五章　乒乓球运动展望

　　乒乓球运动的场地要求不高，球和球拍携带方便，是一项设备简单、易于开展的运动项目。乒乓球运动不受年龄、性别和身体条件的限制，运动量可大可小，既可在室内，又可以在室外进行。乒乓球拍拍面上的海绵和胶皮多种多样，器材性能不同、击球方式各异，使球的速度、旋转产生多种变化，也就产生了多种技术，使得乒乓球运动极富技巧性，广为人们喜爱。由于乒乓球技术的多样性，使得乒乓球比赛的战术丰富多彩，每个选手在比赛中都要扬长避短，要不停地思考，不断地变换战术，使得比赛精彩纷呈。一场激烈的较量，往往使人回味无穷。

　　从2003年到2020年的17届世界青少年乒乓球锦标赛中，我国18岁以下乒乓球健儿在世青赛上取得了16个女单冠军、10个男单冠军、15个女双冠军，12个男双冠军、14个混双冠军、15个男团冠军和15个女团冠军。虽然取得如此骄人的战绩，但是我们必须"居安思危"，做好乒乓球运动发展的各个方面，我国乒乓球运动才能在世界比赛中永葆辉煌。

第一节 当代乒乓球运动的特点

当代乒乓球比赛要求运动员技战术全面，有各自的技术特长，并且在近台、中台、远台都具备对抗能力，要将速度、力量和旋转完美地组合运用。当今世界男、女乒乓球技战术发展特征主要为三个方面：接球发球强攻；抗衡中形成"三强"，即强相持、强抗衡、强转换；女子技术男性化①。

世界乒乓球锦标赛在竞技格局方面表现为：欧洲、亚洲实力强大，美洲实力较弱，非洲和大洋洲成绩可以忽略不计。其中，中国乒乓球称霸世界乒坛，欧洲传统强国走向衰落，亚洲其他国家（地区）发展势头强劲。在发展特征方面表现为：世乒赛参赛队数与人数逐届增加，商业化与职业化程度不断提高，技战术呈现出对抗性与多变性，赛制安排趋于科学化，竞赛规则日趋完善②。

自1926年12月举行第1届世乒赛以来，乒乓球运动在规则的演变、器材的改进、赛制的变更、技术和打法创新的助力下，推动着世界乒乓球运动不断地发展。乒乓球运动开展至今，国际乒联的成员协会已经涉及217个国家和地区，仅次于国际排联，是国际体育联合会中的第二大家族，然而从世乒赛决赛参赛队伍的地缘结构组成来看，世界乒乓球运动的发展层次、水平和参与程度极不平衡。男、女参赛队伍均以欧亚两极化的态势分布，这也诠释了当今世界乒乓球运动欧亚对抗的实力格局。从洲际内参赛队伍的分布来看，亚洲区域男子、女子的参赛国家和地区，都主要集中在东亚地区，呈现出一种单极化发展的态势，这也深层次反映出亚洲区域内乒乓球运动发展水平的极度不平衡性。欧洲区域内男子、女子参赛队伍分布较为广泛，较为集中的是南欧和中欧。

---

① 张利,杨三军.乒乓球运动起源与技战术发展研究进展[J].体育文化导刊,2016(6):98.

② 王军.世界乒乓球锦标赛发展研究[J].体育文化导刊,2014(11):80.

第二节　当代乒乓球运动参赛队伍现状

2019年世乒赛共有来自109个国家和地区的609位选手报名参赛，较上届杜塞尔多夫世乒赛有了大幅提升。这是国际乒联在扩大世乒赛规模的道路上迈出的坚实一步。国际乒联计划从2021年起继续扩大世乒赛规模。目前只有47%的成员协会参与世乒赛，国际乒联希望通过这一举措提升成员协会的参与度，确保几乎所有地区的选手都有机会登上年度最重磅乒乓赛事的舞台。

（一）整体实力不断加强

从2019年世乒赛诸强的表现来分析，在单项技术和战术方面，世界乒乓球运动没有像20世纪50年代日本人发明弧圈球，60年代我国出现直板快攻，70年代欧洲两面拉弧圈球那种革命性的、本质的变化和突破。当今的发展在于打法更凶、速度更快、变化更多，技战术组合更加合理，对抗性更强，表现在速度、力量、意识、技术运用等方面。

世界乒乓球运动总体呈现"以东亚为中心，辐射各大洲"的态势。亚洲，尤其是东亚，是世界乒乓球运动发展的中心。中国、韩国、日本、朝鲜等国家是亚洲的传统乒乓球强国。新加坡等国家由于引进了一些优秀的原中国籍选手，成为乒坛崛起的新贵。相对于亚洲国家，欧洲国家不时出现一些世界级的优秀选手。另外，中国建立了各级各类乒乓球学校、培训基地，如中国乒乓球学院、河北正定乒乓球训练基地，正张开怀抱接受世界各地有志于提高乒乓球技术和感受乒乓文化的学员。与此同时，中国的各级乒乓球联赛向世界各国运动员开放，为他们提供与中国乒乓球运动员同台竞技的机会。中国乒乓球协会定期向非洲、美洲的部分国家派遣教练和运动员进行乒乓球运动普及、潜力运动员培养等工作，使得世界乒乓球整体实力不断增强。

（二）技术全面下的特点突出

技术全面是乒乓球运动发展趋势之一，主要是指各个单项技术、战术掌握要牢固熟练，诸多的技战术组合要合理，前三板球、控制和反控制能力要突出，进攻、相持、防御的衔接要自如。攻与防、正反手技术的使用、凶与稳的实际运用均要恰当合理。从发展上讲，加强球的凶狠、力量是必要的，但仅靠这些还不行，技术要全面发展，没有明显被对方攻击的漏洞和死角。如萨姆索诺夫和孔令辉就是技术全面的典范。

特点突出是当今乒乓球运动的要求之一，顶尖的运动员必然建立和掌握了几项绝招技术，在某些方面高人一筹，关键时候具有得分的主要手段，能够把握住制胜的机会。如瓦尔德内尔的发球、王涛的反手进攻、金泽洙的大力正手冲杀、盖亭的凶狠速度均是克敌制胜的法宝，令任何对手都难以对付，极具威胁。

然而，技术全面和特点突出是对立统一的，在当今乒乓球运动发展异常激烈的时代两者缺一不可。技术全面有助于风格、特点的建立，而特点突出则可加速带动整体技战术水平的提高。我们的训练就是要将两者有机联系起来，以促进水平的提高。

（三）打法正在向凶狠稳健型发展

在欧洲随着乒乓球运动的飞速发展，以阿佩依伦和格鲁巴为代表的旋转、稳健派的打法已被淘汰。以瓦尔德内尔为代表的稳、变结合的打法和以罗斯科夫、盖亭为代表的凶、快打法通过几年的对抗均发生了很大的变化。

过去，韩国以单面拉先发制人的争抢打法为主，对付欧洲的两面弧圈和我国的快攻难度都较大，成绩不尽如人意。近几年来他们总结经验，将先发制人和后发制人结合起来，对我国已构成了极大的威胁。

我国乒乓球队伍阵容年轻，主力队员打法多样、速度快、技战术组合细腻合理，特别是在前三板球和相持当中对抗性明显强于对手。近年来，在教练的带领下，注重了对各种打法的研究，加强了训练的对抗性和实战性，继承和发展了发球抢攻和接发球衔接技术的理论。采用以赛代练的训练模式，赛与训关系形成了良性循环，使我国球员的整体实力和作战能力有了大幅提高。

2019年，世界排名第5的德国名将波尔在布达佩斯展开了自己的第19次世乒赛之旅。

欧洲乒坛另一位名将萨姆索诺夫（白俄罗斯）则迎来了自己的第23次世乒赛旅程，他也是现役选手中参加世乒赛次数最多的球员。此外，皮切福特（英格兰）、弗雷塔斯（葡萄牙）、格罗斯（丹麦）、M.法尔克（瑞典）、K.卡尔松（瑞典）、西蒙·高茨（法国）、哈贝松（奥地利）等一众好手也都出现在参赛名单中。

女子方面，斯佐科斯（罗马尼亚）、萨马拉（罗马尼亚）、波尔卡诺娃（奥地利）、索尔佳（德国）、李洁（荷兰）、爱尔兰德（荷兰）、埃克霍姆（瑞典）和东道主匈牙利选手波塔均在布达佩斯世乒赛中亮相。

欧洲区域内，参赛队伍年龄结构总体欠合理。主要表现在老龄化较为严重，后备人才严重缺乏。尤其是男子方面，40岁以上超大龄化参赛队员的比例较高。从世乒赛最终排名来看，荷兰、德国和波兰女队以及奥地利和瑞典男队等排名靠前的欧洲队伍中均有超大龄球员。这也说明当前欧洲乒乓球高水平竞技人才的培养极度匮乏，并出现一个明显的"断层"，预示着欧洲乒乓球运动的整体水平有进一步衰退和萎缩的趋势。年龄结构最不合理的队伍是代表美洲参赛的唯一队伍——美国女队，两极化的年龄结构最为突出。由此看来，乒乓球运动在美洲的开展和普及则显得更为无奈和窘迫。

乒乓球运动中亚洲男、女参赛队伍的年龄结构总体上来看都较为合理，这直接反映出当前亚洲乒乓球高水平竞技人才梯队建设具有一个良好的发展态势。但从亚洲内部参赛队伍横向比较来看，一些国家和地区年龄结构组成还存在较为明显的优劣。中国女队已经顺利完成了新老更替，而男队即将告别以老带新的局面，都基本实现了"无缝对接"，并已构建成最为合理的年龄结构。

新加坡女队、韩国男队和女队等一些亚洲传统强队老龄化的现象较为严重，这是阻碍这些国家乒乓球运动可持续发展的潜在因素。以日本男、女队为代表的年轻化的生力军，虽然近段时间还没有问鼎世界冠军的实力，但以他们在2019年世乒赛上的表现及年轻化的队伍结构来看，其具有可持续发展的巨大潜力。

第四节　参赛队伍的打法类型

20世纪60年代以前，人们一般将乒乓球运动分为进攻型和防守型两大类。随着新技术的出现、工具的改革和战术方法的多样化，到了70年代，乒乓球运动的类型就进一步具体化了。乒乓球运动的不同打法是从属于不同类型的，区分它的主要依据是技术特点或技术方法（即在比赛中使用率和得分率最高的技术）。综观世界乒坛，一般认为乒乓球运动在现阶段可以划分为下述4大类型10种打法。

（一）快攻类

快攻类打法的技术特点是以速度为主，以快制转，以近打远，积极主动，先发制人。直拍快攻打法是中国的传统打法之一，已有40多年的历史。20世纪50年代初、中期，这种打法以"快、狠"为特点，但因当时拉攻技术还较差，攻球缺乏准确性，因而受挫于欧洲的削球和日本的远台长抽。通过比赛实践，中国的快攻选手提高了击球的准确性，加强了基本功的训练。到了50年代末，中国快攻选手容国团以快速多变的战术夺得了第25届世乒赛的男单冠军。从此，快攻类打法就以其"快、准、狠、变"的技术风格，出现在60年代的世界乒坛。70年代初，随着欧洲弧圈球技术的迅速提高，中国快攻类打法的速度受到了旋转的制约。于是快攻选手采取了拉一板小上旋的技术来为快攻开路，从而又进一步丰富了快攻打法，以其"快、准、狠、变、转"的技术风格来与弧圈类打法抗衡。目前，快攻类打法要想继续发展，须努力提高击球的速度、力量和增大回球的角度，特别要重视增强攻打弧圈球的能力。

1.直（横）拍两面攻打法。直拍两面攻打法的特点是站位离台近，进攻速度快，攻势猛，正、反手攻击力强，打法积极，抢攻在前。20世纪50年代，这种打法以王传耀为代表。他站位中台，用正、反手发力攻打法赢得主动，曾多次获得全国单打冠军。60年代，这种打法以庄则栋为代表。他以近台进攻为主，充分发挥前臂和手腕的作用，提高了击球速度，形成了近台两面攻的打法，曾蝉联3届男单世界冠军。70年代，这种打法以日本的河野满为代表，他在继承日本正手攻球好、侧身意识强的传统打法特点的基础上，吸收了中国近台两面攻打法的某些优点，形成了以近台为主结合中台的两面攻打法，在第34届世乒赛中获得男单冠军。在直拍两面攻打法的影响和带动下，中国横拍两面攻打法也有了一定的提高和发展，代表这种打法的60年代有湖北的陈盛兴，70年代有北京的滕义，他们在参加国内外的许多比赛中，都曾经取得过比较好的成绩。直（横）拍两面攻打法应掌握的技术有：①正手快点、快攻、快带、快拉、突击、扣杀、杀高球等技术；②反手快点、快攻、快带、快拉、突击、扣杀等技术；③侧身正手攻球和扣杀等技术。

2.直拍左推右攻打法。这是中国特有的一种打法，其特点是站位离台近，动作小，速度快，步法灵活，正手攻击力强。20世纪50年代，这种打法主要是以正手攻球为主，反手只是偶然推挡一下。之后由于反手推挡有了新的提高，才逐渐形成真正的左推右攻打法。50年代，这种打法以傅其芳为代表，他以正手快攻和反手推挡结合球路变化来争取主动。60年代和70年代，则以李富荣和李振恃为代表，他们不仅提高了反手推挡和反手攻的技术水平，还增强了侧身正手进攻的意识和能力，形成了左推右攻结合侧身攻的新打法。直拍左推右攻打法的技术与两面攻打法不同的是反手要掌握快推、加力推、推挤、减力挡以及攻球等技术。

（二）弧圈结合快攻类

弧圈球作为一种新技术，是在20世纪60年代初由日本选手创造出来的。1960年，当匈牙利和南斯拉夫乒乓球队访日时，日本选手首次运用该类型打法并获得成功，从而创立了直拍以拉弧圈为主的新打法。第26届世乒赛以后，中国选手在直拍快攻打法的基础上，学习了日本弧圈球的技术，逐步形成了具有中国特色的直拍弧圈结合快攻打法。到了70年代初期，欧洲选手经过探索和实践，把弧圈球的技术提高到了一个新的水平，创造了横拍弧圈结合快攻的新打法。这类打法目前在继续发挥其旋转优势的同时，也在力求提高速度，因此，在技术上朝着拉、冲、扣相结合的方向发展。

1.直拍弧圈结合快攻打法。这一打法的特点是正手拉弧圈球出手快，线路活，旋转多变，步法比较灵活，抢攻意识强。比赛时，常以发球或接发球抢冲（拉）攻，并能在推挡中结合侧身抢冲争取主动，有时也会用真假弧圈来扰乱对方，为扣杀创造机会。这类打法在20世纪60年代以余长春、刁文元为代表，70年代则以郭跃华为代表。他们多次参加国际比赛，都曾获得过良好的成绩。直拍弧圈结合快攻打法应掌握的技术有：①正手拉加转弧圈、前冲弧圈、快带弧圈、拉打台内球、中远台反拉弧圈、扣杀技术；②反手快推、加力推、减力挡、推挤以及中台反手攻技术；③侧身正手拉、冲弧圈和扣杀技术。

2.横拍弧圈结合快攻打法。这一打法的特点是技术比较全面，正、反手都能拉出上旋强、冲力大的弧圈球。比赛时，常用以转制快、以转破转作为战术的指导思想，利用弧圈球的上旋冲力迫使对手离台后退，或以旋转变化来扰乱对方，或以快、慢拉球来破坏对方的击球节奏，使对方失误或为自己扣杀创造机会。这一打法在欧洲以匈牙利的约尼尔、盖尔盖伊，南斯拉夫的舒尔贝克、斯蒂潘契奇等人为代表，他们在20世纪70年代的许多国际比赛中都曾取得优异的成绩。横拍弧圈结合快攻打法要求正反手都能掌握各种弧圈球技术。

（三）快攻结合弧圈类

第26届世乒赛以后，中国有些选手在快攻的基础上，使用正贴海绵胶或反贴海绵胶开始学习拉弧圈球，并把快攻技术和弧圈技术结合起来加以运用，形成了以攻为主、弧圈为辅的打法。到了20世纪60年代后期，欧洲选手根据横拍攻球的特点，把中国的快攻和日本的弧圈球技术中的优点同欧洲的技术结合起来，创造了欧洲横拍快攻结合弧圈的新打法。这类打法要坚持以速度为主的特点，必须加强发、接、抢前三板技术和以近台快攻的技术为主的训练，努力提高攻打弧圈球的能力和走动中拉扣结合的技术。

1.直拍快攻结合弧圈打法。这种打法的特点是站位较近台，以正手进攻为主要的得分手段。比赛时能快则快，不能打快攻时，则以正手抢拉弧圈球来争取主动，为快攻或扣杀创造条件。这一打法20世纪60年代以李莉为代表，70年代以齐宝香为代表，她们在许多国际比赛中，常用推攻结合拉弧圈的战术，击败了许多有名的选手，获得很好的成绩。直拍快攻结合弧圈打法应掌握的技术有：①正手快攻、快带、扣杀、拉打台内球、拉加转弧圈、前冲弧圈球以及中远台反拉弧圈球等技术；②反手快推、加力推、减力挡、推挤以及中台反手攻球等技术；③侧身正手攻球或拉弧圈等技术。

2.横拍快攻结合弧圈打法。这种打法的特点是以快攻为主，以拉弧圈为辅。正手在中近台攻拉结合，反手则以近台快攻（又称快拨）为主。比赛时能快则快，先发制人；不能快攻时以拉弧圈球与对手相持或过渡，伺机进行反攻。这一打法在欧洲以瑞典的本格森、约翰森，捷克斯洛伐克的奥洛夫斯基为代表，在中国以王会元、施之皓等为代表，他们在20世纪70年代的许多国际比赛中，都曾取得优异的成绩。横拍快攻结合弧圈打法的技术与直拍打法不同的主要是反手要掌握快拨、快带以及各种扣杀技术。

（四）削球类

削球类打法在世界乒坛上比其他类型打法都早。早在20世纪30年代初期，由于胶皮拍的出现，增强了击球的摩擦力，在欧洲就逐步形成了以削为主的打法。早期的削球打法防守比较稳健，不易失误，故从30年代到40年代，在世界乒坛上一直处于领先地位。到了50年代初，日本选手使用海绵胶拍运用以攻为主的战术，冲破了欧洲的防线，开创了进攻与防守相互对抗的局面。进入60年代以后，随着中国近台快攻的崛起和欧洲弧圈球技术的提高，使欧洲的削球打法陷于被动地位。中国的削球选手经过反复的实践，加强了削球的旋转变化，提高了反攻能力，革新了球拍，逐步形成了具有中国特色的以削为主结合反攻，攻削结合以及挡、攻、削相结合等多种打法。随着弧圈球技术的进一步提高和广泛运用，这类打法想在世界乒坛占有一定的地位，必须在增强削接弧圈球的技术基础上积极提高旋转变化（落点变化）和反攻的能力。

1.直拍以削为主结合反攻打法。这是中国传统打法之一，其特点是站位中远台，削球稳健，步法灵活，比赛时常以稳而低的削球先顶住对方的进攻，配合旋转和落点变化来调动对手，为反攻创造机会。这一打法在20世纪50年代以姜永宁为代表，60年代以张燮林为代表，他们在许多重要的国际比赛中，都曾取得过很好的成绩。直拍以削为主结合反攻打法的技术有：①正（反）手削加转与前冲弧圈球、削轻拉球、接突击球、削中路球、接近网短球等技术；②正（反）手攻球技术。

2.横拍以削为主结合反攻打法。这是欧洲的传统打法之一。中国在20世纪50年代初曾积极提倡这种打法，通过运动员的学习和研究，到了60年代逐渐形成具有自己特色的削球打法。这种打法的特点是站位中近台，削球灵活多变，在比赛时常以加转下旋球结合不转球，并配合落点变化来调动对方，为反攻创造机会。这一打法在60年代以林惠卿、郑敏之、王志良为代表，70年代以陆元盛、黄亮为代表，他们在许多重要的国际比赛中，都曾获得过优异的成绩。横拍以削为主结合反攻打法的技术与直拍打法基本相同。

3.直拍挡、攻、削结合打法。这种打法是在中国传统的直拍以削为主结合反攻打法的基础上发展起来的，其特点是技术比较全面，战术奇特多变。在比赛中常把挡、攻、削有机地结合起来，因人而异地变化运用，使对手难以捉摸，防不胜防。这一打法在20世纪70年代以葛新爱为代表，她在多次国际比赛中都获得了优异的成绩。直拍挡、攻、削结合打法的技术有：①正、反手攻球，侧身攻球，推挡，搓球，拱球等技术；②正（反）手削弧圈球、削中路球、接突击球、接近网短球等技术。

4.横拍攻削结合打法。这种打法大多是在横拍以削为主结合反攻打法的基础上发展起来的，其特点是技术比较全面，能攻能守，战术灵活多变。比赛中可因人因时而异地运用先攻后削或先削后攻的战术，使对手顾此失彼，

119

难以适应。这一打法20世纪70年代以梁戈亮为代表，他在许多重要的国际比赛中获得过优异的成绩。横拍攻削结合打法的技术除掌握正（反）手攻球和拉、冲弧圈球等技术外，其他与直拍基本相同。

从亚洲区域内的参赛队伍来看，男子的打法比女子更为集中。其中中国传统的快攻打法和曾经盛行一时的削球打法，已经销声匿迹。在女子方面，虽然打法类型涵盖所有打法，但快攻类、削球类和削攻类三类打法总和也仅占13.2%。在欧洲和美洲同样是弧圈类和快攻结合弧圈类打法占主导地位。其中，欧洲男子弧圈类打法的比例最大，占81.8%。而在欧洲和美洲虽然还有一些快攻类、削球类和削攻类等"稀缺"打法的存在，但使用这些打法的运动员是一些"海外兵团"的老运动员，如西班牙的何志文、奥地利的陈卫星以及荷兰的李佼和美国的高军等。

由此看来，无论是在亚洲还是在整个世界范围内，都有弧圈类和快攻结合弧圈类打法一统世界乒坛之趋势。中国队曾提出乒乓球运动的发展需要"百花齐放"的打法，现在看来只能停留在理论的倡导和对内练兵上，真正需要在世界大赛上摧城拔寨和争金夺银的，还是要依靠弧圈类和快攻结合弧圈类这两种引领世界乒乓球运动发展潮流的先进打法。

第五节　当代中国乒乓球运动发展的问题与对策

中国体育正在由大国向强国迈进。乒乓球作为我国的国球，历来受到党和政府的高度重视和人民群众的喜爱，是人民群众喜闻乐见的一项体育运动，群众参与度一直列各体育项目之首。但是在新的形势下，我们的梯队建设和后备人才培养还存在着不少问题，面临着许多困难，培养全面发展的乒乓球人才还任重道远。

一、存在的问题

（一）输送渠道狭窄

随着社会市场化、多元化人才培养格局的逐步形成，各种民办乒乓球培训机构和中小学校的业余班等乒乓球人才培养点纷纷涌现，一方面使得原来的各级体校在生源、经费等方面都受到了不同程度的影响，职能作用不断弱化；另一方面，社会化的培训机构在优秀人才的输送上还是只能指向体育部门，输送渠道的单一造成了输送机制的不尽合理，输送渠道不尽通畅，致使在乒乓球人才选拔质量和数量上受到影响。

（二）区域发展失衡

我国东部地区如上海、杭州等地，经济发达，人民生活富裕，家长对子女的身体健康越来越重视。体育进中考等教育手段的实施，使得学校、家长对孩子的体育成绩较为关注。乒乓球馆在这些地方较为普遍，师资力量也较为雄厚，因此，乒乓球运动在这些地方发展较好。反观中西部省份和经济欠发达地区，如宁夏、甘肃、云南、贵州、青海等省，乒乓球后备人才培养的数量和规模急剧下降，后备人才培养区域发展不平衡。

（三）后备人才流失

2016年里约奥运会，中国乒乓球队继北京、伦敦奥运会后包揽了全部金牌，延续了"长盛不衰"的历史篇章。新一轮奥运人才培养和备战攻关已然开启，放眼将来，日本乒乓球队的快速崛起，对中国乒乓球队造成了巨大的冲击①。

随着市场经济体制的建立和劳动人事制度的深化改革，计划分配的方式发生了根本的改变，运动员文化教育的低水平必然使其自身得到安置的难度越来越大，家长从子女未来的发展考虑，将其送往竞技体育道路培养的想法日益慎重，客观上形成了具有优秀运动天赋的后备人才的流失。

① 周弈,张明杨.体育强国视域下乒乓球竞技后备人才的可持续发展探究[J].青少年体育,2019(9):74.

（四）评价标准单一

我国乒乓球运动非常普及，但是在人才输送环节上还存在评价标准不够完善的情况。目前，在后备人才培养的评价标准中，比赛名次和获取金牌数量依然是考核地方体育领导人、培养单位负责人和教练员业绩的硬指标，也是培养单位争取地方财政拨款的重要筹码。一些基层培养单位为了自身的眼前利益，在很大程度上忽视了对后备人才全面性的培养，不能适应当前社会和家庭对人才培养的要求。过度注重专业技术能力的培养，忽视了文化教育，造成"四肢发达，学历不足"的情况，为乒乓球运动员在退役后的出路带来困难。

我国竞技乒乓球后备人才培养途径由教育和体育两大系统，高校高水平乒乓球队、职业俱乐部一线队伍、省级乒乓球队和体育运动学校三条主线，初级、中级、高级三个层级的多脉络横向、纵向结构构成。尽管各层级的职能部门较为成熟和稳定，但在解读和贯彻中国乒乓球宏观战略上，各层级表现出步伐不一、程度不一等现象。例如，在打法类型多样化的问题上，依然有大部分队伍放弃长期培养，临时改打法应付参赛要求（全国重大比赛的团体赛中，必须要求一名特殊打法），从而导致多样化的打法类型逐渐萎缩，严重影响了"百花齐放"的宏观战略目标。

（五）参赛年龄问题

长期以来，运动员虚报年龄参赛的问题一直是我国乒乓球运动的"痼疾"，这种现象极大地违背了体育运动中公平竞争的精神，在很大程度上破坏了体育运动公平性原则以及和谐性原则。运动员年龄虚假容易产生虚假成绩，不能全面反映我们的真实水平，客观上造成了训练中的急功近利，拔苗助长，寻求眼前利益，违背训练规律等情况，扼杀了一些很有潜力的后备人才，违背了体育运动的可持续性原则。运动员年龄造假的不公平竞争行为更影响了那些扎实努力、遵纪守法运动员的积极性，造成人才竞争的逆淘汰和人才资源的极大浪费，真正优秀的人才被忽视，乒乓球项目无法良性发展。

2009年全国少年乒乓球比赛南、北方赛区的赛事7月6日分别在苏州和北京进行。这是2009年开展的第一项全国性青少年乒乓球赛事，也是2009年恢复在全国青少年乒乓球比赛中实施骨龄检测办法后的首次比赛。北方赛区共有129人报名参赛并接受了骨龄检测，结果有58人骨龄检测不合格，其中9人被取消参赛资格；南方赛区有130人报名参赛并接受了骨龄检测，有32人骨龄检测不合格，其中19人被取消参赛资格。骨龄检测的不合格率达到34.7%，令人震惊。

（六）技术打法单一

"百花齐放"的战略是中国乒乓球领先世界诸强的重要原因之一。然而，当前竞技乒乓球后备人才的打法类型培养面临着横拍两面反胶打法的风格单一、特殊打法类型减少以及水平降低等问题，打法类型的单一化现象日趋明显，如何确保稳定的、均衡的打法类型形成，成为当前后备人才梯队建设的重要问题。尽管在特殊打法的培养上存在着培养周期长、缺乏训练对手、专项教练缺失、培养难度大、成才率低等客观问题，但队伍打法类型的全面性直接影响着队伍整体的训练水平、全面技术发展、比赛适应能力等。因此，促进打法类型的全面发展不仅关乎顶层的人才需求，也关乎基层的队伍建设质量。

（七）学校训练缺失

近年来，由于中国城市化的快速发展和人民生活水平的不断提高，在假期和休息期间，中小学生争相选择各种各样的娱乐项目。但是，很少有学生主动要求体育锻炼或外出锻炼，据统计，大部分家长不会在空余时间陪孩子一起参加体育锻炼。正是由于目前学习和社会竞争的压力，有些家长认为，孩子利用日常的休息时间去进行相应的体育锻炼是不利于文化课学习的，家长更愿意选择利用周末及闲暇时间让孩子参加各种各样的学习补习班，最终导致大多数中小学生的身体素质严重下降。

近年来，中小学乒乓球培训市场火热。各种性质、各种层次的乒乓球俱乐部和培训班应运而生。与此同时，乒乓球兴趣课程逐步成为校园体教结合的一部分，但目前乒乓球校内教育这一政策的实施不够模式化和规范化，整

123

个体制监管力度匮乏，在创新体教结合的同时，给乒乓球教育培训市场的合理发展带来了巨大挑战。

学校是培养乒乓球专业运动员不可或缺的重要阵地。当前，各级学校的乒乓球业余培训作为乒乓球项目后备人才培养的补充部分，越来越受到各省市的重视，在政策制度和经费保障等各个方面给予了一定的支持。但鉴于目前"体教分制"的现实使得学校业余训练时间难以保证，业余训练队伍规模无法扩大，高水平的竞赛交流无法实施。学校乒乓球运动存在队员少、技术水平低、经费投入不够等问题。与体育总体环境一样，解决学校业余训练问题，才是解决后备人才培养问题的根本办法。

（八）教练员队伍匮乏

教练员是训练中不可或缺的重要角色，在训练中起到主导作用。近些年，国内学者对全国教练员的现状及发展的研究结果如下：全国区县以上在编乒乓球教练员约620名，大部分教练员有运动员经历，55%的教练员学历达到本科以上。目前，在基层训练体系中，教练员数量不足的问题较为普遍。就以中国乒乓球学校这样待遇优越、工作环境优美的条件，寻找教练也已经是比较困难了。这种状况直接导致了基层业余训练体系在训练组织和指导方面比较粗放，难以对后备人才的成长精雕细刻，造成业余训练总体效益不高。

目前，我国乒乓球教练员岗位培训平台的建设还不完善，组织实施中的一些环节尚不够明确，缺少系统的研究。对教练员培训的相关研究还处于分析现状的阶段，对乒乓球教练的训练系统和其他教练的训练研究相对较少。为了确保乒乓球教练员培训的可持续性，有必要加强和改进教练员的培训体系。

教练员作为运动队队伍的核心部分，他们的基础技术和知识水平都将直接影响整个运动队的发展速度和规模，同时教练员本身具备的水平经验也是重要参考因素之一，教练员的水平不能片面地从一个方面来衡量。从上述情况看，在职教练员普遍已经具有丰富的实践经验，但培训水平还是普遍较低。大多数教练缺少系统学习及培训的机会，知识结构单一且落后，相关的机构能够提供的培训机会和科学研究少之又少。

　　教练员队伍匮乏还表现在教练员知识结构上。目前教练员看似拥有较高的学历，但实际文化底蕴不深厚，再加上敬业和钻研精神不强，难免造成训练理念跟不上时代发展、方法手段缺乏创新、急功近利，导致人才培养流失与高淘汰率，与竞技乒乓球运动需求脱节。

　　此外，缺少有效的后备人才培养输送的激励机制是造成教练员队伍匮乏的重要原因。它不仅影响了教练员的训练积极性，也造成了教练员队伍补充困难和严重流失。目前，在一些省市级业余体校教练员中，虽然专业运动员出身的教练员不在少数，但业余教练员职称的晋升、奖金的发放等配套保障政策和激励机制不完善，使教练员队伍存在着很大的不稳定因素，以致难以吸引人才，留住人才。

二、对策

（一）加强国际交流与合作

　　乒乓球在亚洲一直保持着良好的发展势头，但在欧洲、美洲和其他地区发展却很冷清。虽然体育无国界，但是国际奥委会规定：一个体育项目如果没有在70多个国家普及，就有可能被取消。

　　推动世界乒乓球运动的普及和健康地发展，主要的措施是加大宣传力度，吸引更多的人参与。从20世纪90年代至今，美国职业篮球联赛到世界各地进行季前赛和巡回表演赛，进而使更多的人了解篮球运动。乒乓球运动可借鉴篮球运动的推广模式，通过新闻电视传播媒介，普及乒乓球运动常识，组织类似欧亚对抗赛、直横对抗赛和花式乒乓球表演赛等形式的乒乓球宣传活动，从视觉上唤起人们对乒乓球运动的认可和喜爱。

　　近些年，中国乒协已有部分优秀的教练员和运动员走出去，参与到世界其他协会的乒乓球运动当中，推动了世界乒乓球运动的普及和发展。同时，中国乒协邀请了国外不同年龄和水平的运动员参加中国的集训和比赛，使他们切实感受到中国乒乓球运动的氛围。但是在与世界各国乒协的合作中，中国乒协要更加开放，不能"授之以鱼"，而是要"授之以渔"，要真正培养出其他协会优秀的教练员和运动员，向他们传授先进的乒乓球技战术理念和训练方法。这样才能够使乒乓球运动的推广有一个持续发展的潜在动力。

（二）加强后备人才培养

竞技乒乓球运动需要的是高精尖、具有突击能力的后备人才。培养具有从事乒乓球竞技运动特殊天赋和能力的青少年运动员是后备人才培养的核心任务。要发挥我们培养人才的优良传统，通过科学选材、科学训练、科学管理、科学教育，处理好学训矛盾，发现和培养从事争金夺银事业的预备队。

全国现有24支省级优秀运动队，在训人数2 761人，男运动员1 590人，女运动员1 171人，最小年龄为11岁，最大年龄为33岁。现今全国乒乓球后备人才基地共48所，其中38所为体育系统管理的各级各类体校，7所为教育系统管理的各级各类学校，3所为民办非企业单位，分布在全国16个省区市。全国共有青少年乒乓球俱乐部约1 141个，在训人数约8 000人。

我国乒乓球项目的后备人才培养渠道主要有：第一层次为全国各省、自治区、市的业余体校和全国乒乓球后备人才基地以及一些俱乐部的业余运动队和半专业的运动队，运动员的年龄多为8~10岁；第二层次为全国各省、市俱乐部以及乒校优秀运动队的二、三线队伍，年龄多为10~13岁；第三个层次为全国各省、市俱乐部以及乒校优秀运动队的一、二线队伍中的年轻运动员，以及国家集训队中的二线运动员，年龄多为13~17岁。

我国乒乓球项目后备人才的培养模式主要分为三个层次。第一层次的培养主要是通过基层的教练员、体育教师、乒乓球工作者对当地运动员进行启蒙和基础性训练；第二层次的培养主要是通过选拔业余小运动员中的优秀苗子进入省一级的专业或半专业运动队进行集中培养；第三层次的培养主要是集中训练的模式，包括中国乒协每年定期举行全国范围的大区集训以及由国家队参加的全国性集训，并选派全国的骨干教练员以及国家队教练员执教。

培养高素质的后备人才应该从以人为本原则出发，注重青少年品格、品质、思维、意识、技术、战术、体能、素质、动机等多维因素的全面发展，注重道德修养与文化知识的全面提升。同时还要做到人格训练、身体训练、技能训练与智能训练同步，合理开发体能、技术、战术、心理与智能潜力，全方位地提高青少年的人格魅力、文化素养以及球场技能。

发展思路应该以"第三次创业"计划纲要精神为指导，紧密围绕人才培养的中心任务，充分发挥人才培养体制优势，遵循人才成长和基础训练的科学规律，追求人才培养的质量效益，坚持"体教结合"方针，拓宽成才渠道，培养全面发展的竞技乒乓球运动后备人才。

（三）打造中国乒乓球的品牌效应

乒乓球运动国际化发展离不开中国乒乓球的发展，但中国乒乓球运动健康、协调的发展也离不开全球化这一大环境。中国是培养乒乓球精品文化的摇篮，而全球化则是世界各国展示乒乓球文化的平台。单纯发展国内乒乓球运动只能使乒乓球文化同质化、单一化，从而限制乒乓球运动的发展。而过多强调乒乓球文化全球化普及，就会忽略国内乒乓球文化的发展，不能很好地把握乒乓球文化发展的内在精髓，就会在时代的变迁中走向灭亡。

乒乓球文化全球化是为了让乒乓球运动更加普及，是横向延伸；而国内发展乒乓球运动则是为了促使它向更高层次、更高水平纵向发展。所以我们要很好地把握国际国内的关系，必须放眼世界，融入国际乒乓球运动的文化中去，一方面要为全球乒乓球运动的发展做出积极的贡献，另一方面还要继续推动国内乒乓球文化的不断发展[①]。

自2000年中国乒乓球超级联赛开展以来，赛事的影响力日趋扩大，为展示乒乓球运动的魅力搭建了一个很好的平台。但其品牌的效应在世界赛事中不够强势突出。因此，如何把中国乒超打造成为世界最有影响力赛事，吸引世界级的球员参加是摆在中国乒协面前的首要任务。

（四）完善竞赛选拔制度

发挥乒乓球运动的多元功能，使其成为促进青少年身心健康的有效手段。坚持以人格塑造为核心，以培养青少年参加乒乓球运动的兴趣、动机与目标

① 王玉苹.对乒乓球运动国际化发展的对策研究[J].运动,2014(19):35.

为导向，以传授乒乓球基本技能与相关知识为途径，以发展思维决策的敏感性、身体素质的全面性、技术动作的规范性、战术运用的灵活性、心智能力的稳定性为重点，注重青少年身心健康的培养与提高。

对于竞技人才的选拔，需要我们不断完善各线队伍的集中集训的平台和选拔竞争的机制，使所选拔的运动员能承担各种层次的国际赛事。如：每年中国乒协组织全国优秀苗子集训、全国优秀青少年集训、国家二线队伍的短期集训、国家一线队的集训和大赛前的封闭训练。对于成绩突出的优秀苗子，会给予更多的比赛机会，特别是和高一个层次的运动员交流比赛的机会。

在全国范围内各层级的人才选拔中均是依托赛事成绩，以赛事体系为杠杆，参照参赛成绩逐层选拔、层层筛选。以比赛成绩作为人才选拔的方式本身没有问题，但初级层面的教练员过于强调比赛成绩，对比赛手段和比赛经验过早强化，忽略了运动员的基本功培养，拔苗助长，客观上会导致后备人才基本功和综合能力薄弱，在完成人才输送后出现逆生长现象。

完善入队选拔机制，是以目标为驱动，根据不同层级人才培养目标的差异性，制定人才选拔方法。例如，初级阶段以基本功培养为目标，重点构建运动员的技术体系和战术体系，并结合身体素质发展的敏感期，进行身体素质训练，同时，确保相应学龄阶段的文化学习合格。以《中国青少年乒乓球训练教学大纲》为蓝本，进行不同阶层的人才考核、选拔评估。将初级、中级、高级的运动员选拔方式区别开来，初级阶段采用基本功测试+身体素质测试+文化素质测试；中级阶段采用基本功测试+比赛实践测试+身体素质测试+文化素质测试；高级阶段采用比赛成绩名次+身体素质测试+文化素质测试。通过不同层级的选拔方式差异化对待，促进目标任务的达成，在后备人才输送上保证质量和效率，使各层级的运动员培养恢复到本位位置，能够有效地防止"正向晋升，逆向生长"的现象。

中国乒乓球协会极为注重竞赛组织和人才的选拔。为更好地培养和发现人才，在全国少儿、少年、青少年的比赛中建立了一个多层次的、互相关联的竞赛体系，给不同年龄段的选手提供比赛机会。中国乒协每年举行6次青少年比赛，8次少儿杯比赛。6次青少年比赛为：全国乒乓球少儿杯赛总决赛、全国少年乒乓球比赛（分为南方赛区和北方赛区）、全国少年乒乓球锦标赛、全国青年乒乓球锦标赛、全国重点单位（学校）乒乓球比赛。8次少儿杯比赛为："新星杯""向阳杯""开拓杯""奥星杯""创新杯""娃娃杯""四环杯""幼苗杯"。同时，全国重点单位的比赛，全国乒乓球俱乐部甲A、甲B、甲C、甲D、乙A、乙B的各级别的比赛作为有利补充。

（五）扩大乒乓球大赛承办国范围

放眼世界乒坛三大赛事，无论是在世乒赛、世界杯还是奥运会的赛场上，中国队包揽金牌已成常态。尽管中国队的强大其自身并没有什么过错，但也不可否认，正因中国在乒乓球项目上占有垄断性优势，导致乒乓球运动项目在世界范围内的发展在一定程度上呈现为失衡格局。如何打破这种失衡格局，推动乒乓球项目在世界范围内的普及，推动乒乓球项目的可持续发展，应是每个体育理论研究者和乒乓球界人士深刻思考的问题。乒乓球运动的竞争平衡是指在世界各大乒乓球赛事中，通过各种市场因素和制衡机制的实施，使得各参赛队保持着相近的竞技实力，各队间相互依赖、相互合作，以提高整体竞技水平，作为一个整体参与竞争，继而形成一种良性竞争循环环境。

竞争平衡对于竞技运动来说是至关重要的，因为它才能确保竞赛结果的不确定性。一场比赛，对阵双方实力悬殊，其结果失去了不确定性和竞争性，那么显然这种赛事就丧失了悬念，难以激发观众的热情，从而导致运动项目的市场逐渐失去生机与活力，乒乓球项目也是如此。只有保证乒乓球运动的竞争平衡，才能吸引观众和商家对乒乓球项目的关注，继而获得该项目在世界范围内的可持续发展。

近些年，大部分的世界乒乓球大赛主办协会都集中在亚欧，而这其中以亚洲居多。要在世界范围内推广和普及乒乓球运动，就必须分散和扩大世界乒乓球大赛举办国的范围，这样不仅使那些乒乓球运动发展较为落后的地区观赏到世界乒乓球最高竞技水平的比赛，也对当地乒乓球运动的开展起到了很好的推广效应。

参考文献

[1]曹犇,王志强.试论周恩来新中国体育外交实践[J].唐都学刊,2007,23(3):125—128.

[2]曹佳.青少年乒乓球运动员比赛中的不良心理及调控[J].体育科技文献通报,2010,18(8):66—68.

[3]陈家鸣.乒乓球比赛战术的博弈分析[D].北京:北京体育大学,2008.

[4]陈静.赢在心理:优秀乒乓球运动员心理素质解析[M].广州:广州出版社,2009.

[5]陈启湖.北京奥运会乒乓球比赛综合分析[J].体育文化导刊,2009,28(4):33—36.

[6]程序,李永安.乒乓球俱乐部竞技后备人才的发展现状及对策[J].武汉体育学院学报,2008(8):84—88.

[7]崔乐泉.中国近代体育史话[M].北京:中华书局,1998.

[8]杜翠娟.乒乓球技战术统计软件的设计[D].北京:北京体育大学,2007.

[9]房巍.自信:乒乓球心理制胜因素的关键[J].吉林体育学院学报,2009(1):70—72.

[10]龚智敏.乒乓球规则和赛制的持续修改与中国队应对策略[J].体育与

科学,2007,28(6):70—73.

[11]顾峰源.再议乒乓球运动员心理素质训练的必要性[J].体育科技文献通报,2007,15(6):102—103.

[12]顾视.全国乒乓竞赛大会上海市预选略况[J].乒乓世界,1935(21):362—363.

[13]郭仲熙,张瑛秋.中国优秀青少年乒乓球运动员身体素质训练水平综合评价研究[J].体育科学,2004,24(5):44—46.

[14]国家体委体育文史工作委员会,中国体育史学会.中国近代体育史[M].北京:北京体育学院出版社,1989.

[15]国家体育总局《乒乓长盛考》研究课题组.乒乓长盛的训练学探索[M].北京:北京体育大学出版社,2002.

[16]胡跃华,陈小华.从乒乓球发球规则的修改看发球技术的新变化[J].武汉体育学院学报,2002(4):75—76,81.

[17]黄安平.我国女子乒乓球运动员技术男性化的研究[D].武汉:武汉体育学院,2007.

[18]黄衣慧.对我国中学生乒乓球运动员技战术运用及发展的研究[D].长沙:湖南师范大学,2010.

[19]兰彤,陶成.关于推广和促进世界乒乓球运动发展的思考[J].哈尔滨体育学院学报,2005,23(4):93—94.

[20]兰彤.我国直拍反胶打法及创新[J].武汉体育学院学报,2008(8):79—83.

[21]兰彤.中国竞技乒乓球后备人才多维度可持续发展培养模式的探索与研究[J].广州体育学院学报,2006(1):63—66.

[22]李博.乒乓球技术打法系统演进的协同学分析[D].济南:山东大学,2009.

[23]李今亮,赵霞,章潮辉.新规则对世界乒乓球运动技术发展趋势的影响[J].北京体育大学学报,2005,28(10):1414—1416.

[24]李鹏.乒乓球运动的文化特征及社会价值分析[J].体育科技文献通

报,2016,24(4):97—98.

[25]李仁苏.中国横拍50年[J].乒乓世界,2004(7):48—49.

[26]李荣芝,顾楠.乒乓球运动的历史和文化[M].上海:同济大学出版社,
2016.

[27]李荣芝,肖焕禹.乒乓球运动的萌芽及传播研究[J].体育文化导刊,
2012(3):137—142.

[28]李荣芝,肖焕禹.乒乓球在近代中国的传入及发展[J].成都体育学院
学报,2012,38(5):1—6.

[29]李荣芝,钟飞.乒乓球运动名称的历史钩沉[J].体育文化导刊,2016
(12):170—174.

[30]李永安,张瑛秋.乒乓外交的文化分析[J].体育文化导刊,2012(1):
139—141.

[31]林端侯.乒乓闲话[J].福建体育通讯,1940(2):51—52.

[32]林丽珍,李永安,张瑛秋.中国女子乒乓球运动员后备力量可持续发展
研究[J].西安体育学院学报,2010,5(3):288—292.

[33]林小兵.乒乓球运动员间歇性低氧训练的研究现状与分析[J].西安体
育学院学报,2006,23(3):78—80,108.

[34]刘朝宝,李江,麻志刚.新规则对我国乒乓球运动员的影响及在训练和
比赛中的对策[J].哈尔滨体育学院学报,2002,20(2):104—105.

[35]刘存生.浅析"乒乓外交"出现的历史选择[J].兰台世界,2013(31):76—
77.

[36]刘丰德,蔡学玲.乒乓球女双、混双技术发展趋势分析——第48届世
乒赛女双、混双调研报告[J].北京体育大学学报,2006(8):1126—1127,1130.

[37]刘佳,孙岚云.执行乒乓球裁判时对"中断比赛"的特例分析与判定
[J].中国学校体育,2000(6):46—47.

[38]刘利鸥.不同网高对乒乓球往返速度及观赏性影响的研究[D].武汉:
武汉体育学院,2006.

[39]刘启元,叶鹰.文献题录信息挖掘技术方法及其软件SATI的实现——

以中外图书情报学为例[J].信息资源管理学报,2012(1):50—58.

[40]刘淑英.运动竞赛规则的本质特征、演变机制与发展趋势[D].苏州:苏州大学,2008.

[41]刘欣华,吴文侃,刘旭华.我国女子乒乓球运动员个性特征研究[J].武汉体育学院学报,2006,40(2):57—60.

[42]刘延峰,孙驰.乒乓球运动的文化特征及社会价值探析[J].现代交际,2012(1):144.

[43]陆春敏.中国残奥乒乓球队科学化训练的现状调查与对策研究[D].桂林:广西师范大学,2008.

[44]罗园园,曹莹莹,俱军营.大众乒乓球运动参与现状与问题及应对策略研究——以咸阳市为例[J].安徽体育科技,2019,40(5):49—53.

[45]吕晓磊.北京残奥会中国乒乓球队成功因素分析[D].济南:山东师范大学,2010.

[46]马治奎.乒乓球[M].上海:康健书局,1948.

[47]梅书杰.黑龙江省残疾人乒乓球运动现状调查研究[D].哈尔滨:哈尔滨体育学院,2018.

[48]潘华云,朱襄宜.普通高校乒乓球竞赛规则选修课指导方向研究[J].湖北体育科技,2013,32(12):1130—1131.

[49]庞赓.对直拍反胶选手王皓、马琳有机和无机胶水条件技战术变化分析[D].北京:北京体育大学,2010.

[50]裴伟民,成波锦,吕永强.近20年来乒乓球竞赛规则的演变规律初探[J].军事体育进修学院学报,2006(2):89—92.

[51]乔红.对国家乒乓球女队重点主力队员的技战术跟踪分析与诊断[J].北京体育大学学报,2008,31(4):471—476.

[52]乔孟杰.优秀男女横板乒乓球运动员技战术运用特征的对比分析[D].北京:北京体育大学,2009.

[53]屈子路,叶冬清.中国乒乓球运动研究综述[J].广州体育学院学报,2018,38(1):98—103.

[54]佘竞妍.乒乓球技术体系的分类及效用研究[D].上海:上海体育学院,2010.

[55]施之皓,章建成,任杰,等.比赛重要性及比赛进程与顶级乒乓球运动员心理状态的关系[J].体育科学,2015,35(6):41—44.

[56]石善涛.中日关系史上的"乒乓外交"[J].党史文汇,2009(2):11—14.

[57]宋绍兴."每局11分制"对乒乓球比赛的影响[J].天津体育学院学报,2002,17(3):75.

[58]孙葆刚.我国优秀儿童乒乓球运动员专项体能水平现状与评价诊断研究[D].北京:北京体育大学,2008.

[59]孙娟.乒乓球新竞赛规则对乒乓球技战术发展的影响[D].南京:南京师范大学,2010.

[60]孙夷茜.中国乒乓球协会会员制现状及发展的研究[D].北京:北京体育大学,2009.

[61]唐正元.影响湖南省乒乓球竞技运动成绩因素的调查与分析[D].长沙:湖南师范大学,2010.

[62]天津乒乓球比赛规则——一个修正案[J].天津:体育周报,1933,2(4):11—14.

[63]佟振家.体育组织与实施[M].天津:百城书局,1930.

[64]王军.世界乒乓球锦标赛发展研究[J].体育文化导刊,2014(11):80—83.

[65]王磊.近期乒乓球竞赛规则的演变对乒乓球技术和训练的影响[D].武汉:武汉体育学院,2008.

[66]王丽,罗勇.基于粒子群算法的乒乓球专选评测指标模型的研究[J].广州体育学院学报,2009,5(3):51—53,63.

[67]王倘,古梅,王叔明.中国教育辞典[M].上海:中华书局,1928.

[68]王於竞.关于我国乒乓球科学化训练存在的问题与对策[J].浙江体育科学,1997,19(2):32—35.

[69]王玉苹.对乒乓球运动国际化发展的对策研究[J].运动,2014(19):34—

36.

[70]王子玉.我国盲人乒乓球运动开展的现状调查分析[J].体育世界(学术版),2011(2):65—67.

[71]魏芳亮.04—09(2004—2009)年我国优秀乒乓球运动员王皓技战术变化发展的研究[D].北京:北京体育大学,2010.

[72]魏利婕,任国强.对乒乓球削球打法濒临消失原因的分析[J].武汉体育学院学报,2006(11):74—77.

[73]魏秋珍.从器材与规则的改革看乒乓球运动的发展[J].湖北体育科技,2004,23(2):232—233,236.

[74]吴飞,阎森,王继梅.乒乓球11分赛制技战术变化的规律[J].体育学刊,2008,15(1):92—94.

[75]吴焕群.中国乒乓训练原理研究[J].北京体育大学学报,2004,24(2):145—154.

[76]冼文灿.精武乒乓队组织之经过[J].精武丛报,1933(1):5.

[77]吴焕群,张晓蓬.40 mm乒乓球对比赛状态的影响[J].天津体育学院学报,2000(3):65—66.

[78]吴俊心.新赛制对乒乓球技、战术的影响及对策[J].山西广播电视大学学报,2002(2):46—47.

[79]谢香道.周恩来体育思想初探[J].江西大学学报(社会科学版),1991(3):86—92.

[80]熊斗寅.参加比取胜更重要——试论残疾人体育与残奥会[J].体育与科学,2004,25(6):5—8,39.

[81]熊志超.乒乓球运动员心理素质实景模拟比赛训练方案的设计[J].体育学刊,2008,15(8):96—99.

[82]徐君伟,马艳辉,孙羮茜,等.论中美乒乓外交发生的历史逻辑及现实启示[J].南京体育学院学报,2015,29(5):52—57,128.

[83]徐梅.关于规则演变对乒乓球运动技战术发展影响的研究[D].济南:山东体育学院,2012.

[84]杨川宁.谈乒乓球运动员阎森的心理训练[J].南京体育学院学报(自然科学版),2005,4(1):47—48.

[85]杨李丽.20年来国际比赛规则的演变对乒乓球运动发展的推动[J].哈尔滨体育学院学报,2002,20(2):110—111.

[86]杨树安,张晓蓬.对中国乒乓球队科学训练的思考[J].体育科学,2000,20(2):30—33.

[87]俞斌祺.乒乓训练法[M].上海:勤奋书局,1931.

[88]喻晶.我国优秀青少年乒乓球运动员流畅心理状态影响因素的研究[J].沈阳体育学院学报,2006,25(1):44—46.

[89]于文谦,荆雯.乒乓球运动非均衡发展的地缘文化探究[J].西安体育学院学报,2012,29(3):310—314.

[90]禹雪璐.青少年乒乓球运动员"女子技术男性化"的训练理念探讨[D].苏州:苏州大学,2010.

[91]袁绍辉.国家乒乓球女队运动员运动损伤训练致因分析[D].北京:北京体育大学,2007.

[92]袁文惠.从2005年全国业余体校乒乓球总决赛看中国乒乓球后备人才储备[J].许昌学院学报,2007,26(2):75—78.

[93]袁玉峰.世界乒乓球运动实力格局及技战术发展趋势研究[J].韶关学院学报,2015,36(4):51—55.

[94]袁玉峰.雅典奥运会以来王皓、柳承敏动态实力比较[J].体育学刊,2008,15(7):92—96.

[95]曾廼敦.乒乓[M].上海:商务印书馆,1933.

[96]张红玲.当今乒乓球运动技战术发展趋势[D].北京:北京体育大学,2006.

[97]张利,杨三军.乒乓球运动起源与技战术发展研究进展[J].体育文化导刊,2016(6):98—99,108.

[98]张秋芬,苏静.奥运会乒乓球比赛奖牌分布与获奖运动员打法类型分析[J].中国体育科技,2005,41(5):90—92,96.

[99]张若波,彭博,梁恒.乒乓球四分赛制的应用与实征(证)研究[J].北京体育大学学报,2009,32(8):102—104.

[100]张轶.世界乒乓球运动历史演进与发展格局之研究[J].体育世界(学术版),2016(1):12—14.

[101]张瑛秋,甄志平,孙晖晓.中国优秀青年乒乓球运动员身体素质特征分析[J].西安体育学院学报,2006,23(1):71—73,81.

[102]张瑛秋,李永安.国家女子乒乓球后备力量培养的文化教育实验研究[J].天津体育学院学报,2007(3):231—234.

[103]张瑛秋,孙麒麟,严春锦.中国优秀青年乒乓球运动员心理特征分析[J].武汉体育学院学报,2006,40(2):50—53.

[104]张瑛玮.我国高水平乒乓球运动员的赛前心理压力应对研究[J].沈阳体育学院学报,2009,28(2):111—113.

[105]赵致真.一张明信片改写乒乓球传入中国的历史[N].中国青年报,2007-09-11(1).

[106]钟飞,李荣芝,张园月.国内外乒乓球研究热点与演化进程[J].上海体育学院学报,2017,41(5):82—89,94.

[107]中国体育社.最新注释乒乓球规则[M].上海:三民图书公司,1932.

[108]钟宇静.对我国乒乓球俱乐部现状与发展对策的研究[J].沈阳体育学院学报,2004,23(5):616—618.

[109]周桂珍.对我国乒乓球俱乐部联赛现状的调查与分析[J].广州体育学院学报,2005,25(4):87—92.

[110]周弈,张明杨.体育强国视域下乒乓球竞技后备人才的可持续发展探究[J].青少年体育,2019(9):74—75,31.

附　录

盲人听音辨位乒乓球比赛规则（Sound Table Tennis role）（2002年版）

第1章　比赛

1.1　名称

1.1.1　本比赛称作"听音辨位乒乓球比赛"。

1.2　比赛的特点

1.2.1　本比赛是以球拍击球时球的声音和在球台上滚动时的球的声音为判断标准，让球从球网下面通过来进行的。

第2章　基本规则

2.1　球台

2.1.1　球台的上层表面应为与水平面平行的长方形，长2.74米，宽1.525米，离地面高76厘米。

2.1.2　球台的上层表面应为木质材料，考虑到通过球的滚动来进行比赛这一特性，表面应平坦光滑且没有接口。

2.1.3　球台的上层表面，应呈均匀的暗色或者是白色，且无光泽。

2.1.4　球台要安装如下挡条。

2.1.4.1 球台的尾端安装尾端挡条。

2.1.4.2 球台的两侧，从尾端向球网的位置安装长为60厘米的挡条。

2.1.4.3 挡条的高度应为距离球台的表面1.5厘米，厚1厘米。

2.1.4.4 挡条的上面的角不能削成弧形（要保持直角），并且为了便于安装挡条，上层表面以外的地方厚度可为1厘米以上。

2.1.4.5 挡条应为木质材料制成。

2.1.4.6 为了便于表示中线的位置，尾端挡条的外侧必须有突起物。

2.1.5 球台以及挡条的上层表面称为"比赛台面"。

2.1.6 比赛台面有一个与端线平行的垂直的球网划分为两个相等的"台区"。

2.1.7 由球网一分为二的两个台区，各称作"本方台区"和"对方台区"。

2.1.8 各台区由一条与边线平行的中线划分为两个相等的"半区"。中线应视为各自右半区的一部分。

2.1.8.1 从连接左右挡条顶端的球网边缘起距离球台尾端60厘米处划一条线，为"发球线"。

2.1.8.2 本方台区中，由发球线一分为二的两个台区中，球网一侧的为"前台区"，挡条一侧的为"防守区"。

2.1.8.3 从发球方来看，本方台区的防守区内中线右侧为"发球方右半区"，左侧为"发球方左半区"，对方台区的防守区内中线左侧为"接球方右半区"，右侧为"接球方左半区"。

2.1.8.4 发球线应视为防守区的一部分。

2.1.8.5 台区上的线全部应为宽1厘米。

2.1.8.6 关于线的颜色，若台区为白色，则线的颜色应为黑色，若台区为暗色，则线应为白色。

2.2 球网装置

2.2.1 球网装置包括球网及网柱。

2.2.2 挂球网的网柱及其他起固定作用的一部分，不能贴近比赛台面及以上的空间。

2.2.3　球网应按照日本乒乓球规则中规定的布制成，下部边缘贴有宽1.5厘米的白布，且穿有一根绳子。

2.2.4　球网应挂在垂直的网柱上。但是，为了使球网固定在网柱上而使用的金属部件应视为网柱的一部分。

2.2.5　整个球网的底边应距离比赛台面4.2厘米。

2.3　球

球应为直径4.0厘米的圆球体，里面装有四个总重量为3.6~3.8克的金属球。

2.4　球拍

2.4.1　球拍的击球拍面应为坚硬的木质材料，且无胶皮。并且，不能使用击球拍面全部或一部分被软木等材质所覆盖的球拍。

2.4.2　在确保击球拍面保持平整的前提下，可以使用印有厂家等印刷标志的球拍。此外，也可以使用裁判认为无妨碍的球拍。

2.5　定义

2.5.1　球处于"比赛状态"的一段时间成为"回合"。是从裁判宣布"开始"的瞬间开始，到如下事项发生为止的一段时间。

2.5.1.1　球碰到球拍及执拍手或者是挡条以外的东西时。

2.5.1.2　发球及挡推还击时球碰到尾端挡条时。

2.5.1.3　球在比赛台面上静止时（静止是指，球在比赛台面上不移动的状态。球不改变接地点即使转动，只要有一瞬间不移动就可视为静止）。

2.5.1.4　回合为重发球或者是得分的状态。

2.5.2　"重发球"是指，不予判分的回合。

2.5.3　"得分"是指，判分的回合。

2.5.4　"执拍手"是指，握着球拍的手，从手腕到手指的部分。

2.5.5　"击球"是指，比赛中选手用执拍手握着的球拍或者是执拍手触及球。

2.5.6　"持球"是指，发球或者是扣球时球拍击球没有发出明确的声音，自始至终必须是根据击球的声音来判断，不能仅凭动作来判断。

2.5.6.1　为了确保发出明确的击球声，球碰撞时球拍的击球面与球台的上层表面的角度应为60度以上。

2.5.6.2　为了确保发出明确的击球声，发球前设定的球与球拍的距离应为10厘米以上。

2.5.6.3　回击球时，由不可抗力造成的执拍手击球的情况，不视为持球。

2.5.7　"球碰到尾端挡条"是指，球一碰到尾端挡条，这一回合即自动结束。球碰到尾端挡条后弹起或弹起后再落下时，直接碰到比赛台面或者是碰到球网后再碰到比赛台面（包括比赛台面空间上球拍和比赛选手自身或者比赛选手换用及持有的东西），即为对方得分。若不碰到比赛台面，则为对方失分。

2.5.8　"发球员"是指，在一个回合中，首先发球的比赛选手。

2.5.9　"接发球员"是指，在一个回合中，第二个击球的比赛选手。

2.5.10　"主裁判员"是指，被指定管理一场比赛的人。

2.5.11　"副裁判员"是指，被指定拥有一定权限在某些方面协助裁判员工作的人。

2.5.12　比赛选手"穿的或戴的物品"是指，比赛选手在比赛开始时除比赛用球以外的穿的或戴的及持有的任何物品。

2.5.13　"球通过球网下面"是指，在本方台区内击的球直接通过球网下方后，碰到对方台区。球在通过球网下方之前越过球网碰到对方台区，或者是通过球网装置的外侧后碰到对方台区，均不视为球通过球网下面。

2.6　合法发球

2.6.1　发球员在主裁判宣告"开始"后的10秒内，把球放在发球方右半区内使其静止（球直径之内的移动视为静止），然后用足够让对方听到的声音说"我要开始发球了"。

2.6.2　接发球员在听到发球员说"我要发球了"之后的5秒钟内，用能使对方听到的声音回应"好的"。

2.6.3　发球员应在听到接发球员"好的"的回应后5秒钟内发球。

2.6.4　发出的球应通过球网到达接发球员右半区。但是，接发球员击球时例外。

2.6.5　发球时不能空挥球拍。

2.6.6　发球时，球不能碰球网。

2.6.7　运动员发球时，应让裁判员或副裁判员看清他是否按照合法发球的规定发球。

2.7　合法还击

2.7.1　对方发球或还击后，本方运动员必须击球，使球通过球网下面后，直接到达对方台区的防卫区，或者触及球网后到达对方台区的防卫区。

2.8　比赛次序

2.8.1　在单打中，首先由发球员合法发球，再由接发球员合法还击，然后两者交替合法还击。

2.9　重发球

2.9.1　一个回合中出现下列情况，应判重发球。

2.9.1.1　裁判"开始"的宣告尚未结束时球已发出。

2.9.1.2　发球员说出"我要发球了"，未等对方做出"好的"的回应便已发球。

2.9.1.3　由于噪音等使比赛环境受到影响，以致该回合结果可能受到影响。

2.10　得分

2.10.1　除被判重发球的回合，下列情况运动员得分。

2.10.1.1　对方运动员未能合法发球或合法还击。

2.10.1.2　对方运动员连续击球两次。

2.10.1.3　对方运动员或他穿戴的任何东西使球台显著移动。

2.10.1.4　对方运动员或他穿戴的任何东西触及球网装置。

2.10.1.5　对方运动员除执拍手以外的身体的一部分触及比赛台面，挡条上层表面除外。

2.10.1.6　对方运动员"持球"。

2.11 一局比赛

2.11.1 一局比赛中，先得21分的为胜方。但是，双方都得到20分，以及之后双方得分相同时，由胜出对方2分的一方为胜方。

2.12 一场比赛

2.12.1 一场比赛由三局比赛组成。

2.12.2 一场比赛应连续进行，除非是经许可的休息时间、紧急中断。

2.13 发球、接发球和场地的选择

2.13.1 双方得分合计5分，接发球方即成为发球方，依此类推，直至该局比赛结束。或者直至双方得分都达到20分时，发球和接发次序仍然不变，但每人只轮发一球。

2.13.2 一局中，在某一场地比赛的一方，在该场下一局应换到另一场地。在决胜局中，一方先得10分时，双方应交换场地。

2.14 发球、接发球次序及场地次序的错误

2.14.1 裁判员一旦发现发球、接发球次序错误，应立即暂停比赛，并按该场比赛开始时确立的次序，按场上比分由应该发球或接发球的运动员发球或接发球。

2.14.2 裁判员一旦发现运动员应交换场地而未交换时，应立即暂停比赛，并按该场比赛开始时确立的次序，按场上比分运动员应站的正确场地进行纠正，再继续比赛。

2.14.3 在任何情况下，发现错误之前的所有得分均有效。

第3章 比赛规则

3.1 器材和比赛条件

3.1.1 批准和许可的器材

3.1.1.1 使用的器材，球台、球网、台柱、球等使用（财）日本残疾人运动协会认定的，球拍则使用日本乒乓球比赛规则及细则中规定的球拍。

3.1.2 服装

3.1.2.1 比赛服装包括日本乒乓球比赛规则及细则中规定的服装和主办方准备的眼罩。

3.1.2.2 不能戴手套。可以戴腕套及绑腿等，但广告、商标及象征标志等不能在明显的位置。

3.1.3 比赛条件

3.1.3.1 比赛区域应不小于8米长，6米宽。

3.1.3.2 一个比赛会场中使用多张球台时，应用挡板围起，以免周围的声音等影响比赛。

3.2 裁判人员的管理权限

3.2.1 裁判长

3.2.1.1 每次竞赛应指派一名裁判长。

3.2.1.2 裁判长应对以下的事项负责。

3.2.1.2.1 主持抽签。

3.2.1.2.2 编排比赛日程。

3.2.1.2.3 指派比赛工作人员。

3.2.1.2.4 主持裁判人员的赛前短会。

3.2.1.2.5 决定在紧急时刻是否中断比赛。

3.2.1.2.6 决定在一场比赛中运动员是否可以离开赛区。

3.2.1.2.7 决定是否可以延长法定练习时间。

3.2.1.2.8 对解释规则和规程的任何问题做出决定，包括服装、比赛器材和比赛条件的可接受性。

3.2.1.2.9 决定在比赛紧急中断时，运动员能否练习，以及练习地点。

3.2.1.2.10 对于不良行为或其他违反规程的行为采取纪律行动。

3.2.1.3 裁判长或在其缺席时负责代理的副裁判长，在比赛过程中应自始至终亲临比赛场地。

3.2.1.4 如果裁判长认为必要，可在任何时间更换裁判人员，但不得更改被更换者在其职权范围内就事实问题做出的判定。

3.2.2 裁判员

3.2.2.1 裁判员应站在球台一侧，与球网成一直线。副裁判员应面对裁判员站在球台另一侧。

3.2.2.2 裁判对以下事项负责。

3.2.2.2.1 检查比赛器材和比赛条件的可接受性，如有问题向裁判长报告。

3.2.2.2.2 主持抽签确定发球、接发球和场地。

3.2.2.2.3 控制场地和发球、接发球的次序，纠正上述有关方面出现的错误。

3.2.2.2.4 决定每一个回合是得分还是重发球。

3.2.2.2.5 根据规定的程序使用必要的用语。

3.2.2.2.6 保持比赛的连续性。

3.2.2.2.7 对违反场外指导或行为等规定者立即采取行动。

3.2.2.3 除去3.2.2.4中规定的事项，裁判拥有判决权力。

3.2.2.4 在如下事项中，副裁判员和裁判员均可判决。

3.2.2.4.1 发球动作合法不合法

3.2.2.4.2 掌握比赛开始前的练习时间、比赛开始后的比赛时间、比赛中间的休息时间及被许可的中断间歇时间。

3.2.2.5 裁判员不得否决副裁判员根据3.2.2.4的条款所做出的判决。

3.2.3 申诉

3.2.3.1 对裁判及副裁判等就事实问题所做的决定，不得向裁判长提出申诉；对裁判长就解释规则的问题所做的决定，不得向管理委员会提出申诉。

3.2.3.2 对裁判及副裁判等就解释规则的问题所做出的决定不服时，可以向裁判长提出申诉。裁判长的决定为最后决定。

3.2.3.3 在单项比赛中，只能由参赛的运动员就该场比赛中出现的问题提出申诉；在团体比赛中，则只能由参赛队的队长就比赛中出现的问题提出申诉。

3.3 比赛的管理

3.3.1 报分

3.3.1.1 裁判员应在一回合结束，球一结束比赛状态时，或在情况允许的情况下立即报分。报出球不在比赛状态的理由，得分选手的名字，报分时应首先报出在下一回合中首先发球的运动员的得分，然后再报另一方的得分数。

3.3.1.1.1　一局比赛开始和交换发球时，裁判员在报完比分后，应报出下一回合发球员的姓名，并用手势指明发球方。

3.3.1.1.2　一局比赛结束时，裁判员应先报胜方运动员的姓名，然后报胜方得分数，再报负方的得分数。

3.3.1.2　裁判员在报分的同时可以用手势表示他的判决。

3.3.1.2.1　在一回合结束判分时，裁判员可将靠近得分方的手举至齐肩高。

3.3.1.2.2　当出于某种原因，一个回合应被判为重发球时，裁判员可以宣告并将手高举过头表示该回合结束。

3.3.1.2.3　报分时，裁判员应使用英语或双方运动员及裁判员均能接受的任何其他语言。

3.3.1.2.4　应使用机械或电子设备显示比分，使观众能看清楚。

3.3.1.2.5　裁判员应考虑到使运动员及观众准确把握比赛状况，报分时至少能让运动员清楚听到，并且说明球已结束比赛状态的理由。

3.3.2　器材

3.3.2.1　运动员不得挑选比赛用球。比赛用球应由裁判员从一盒比赛指定的用球中任意选取几个使用。

3.3.2.2　如果运动员在比赛中损坏了球拍，应立即替换随身带来的另一块球拍，或场外递进的球拍。

3.3.2.3　除得到裁判员的特殊许可外，运动员在比赛的间歇时，应将球拍留在比赛球台上。

3.3.3　练习

3.3.3.1　在一场比赛开始前2分钟，运动员有权在比赛球台上练习，正常间歇不能练习。除此之外，只有得到裁判长许可的特殊时间可以练习。

3.3.3.2　在紧急中断比赛时，裁判长可允许运动员在任何球台上练习，包括比赛用的球台。

3.3.3.3　运动员应有合理的机会检查和熟悉将要使用的器材，在替换破球或损坏的球拍以后，运动员可在得到许可后练习少数几个回合，然后继续比赛。

3.3.4　休息、暂停、中断

3.3.4.1　运动员可以在如下情况下休息。

3.3.4.1.1　在局与局之间，有2分钟以内的休息时间。

3.3.4.1.2　每局比赛中，每隔五球，或决胜局交换场地时，有短暂的时间擦汗。但除非是在交换场地或得到裁判的许可时，不能摘下眼罩擦汗。

3.3.4.2　运动员在一场比赛中可要求一次暂停，时间不超过1分钟。

3.3.4.2.1　在单项比赛中，暂停应由运动员或指定的场外指导者提出；在团体比赛中，应由运动员或领队提出。

3.3.4.2.2　请求暂停只有在球未处于比赛状态时做出，应说出或用双手做出"T"形表示。

3.3.4.2.3　在一方获得合理的暂停要求后，裁判员应暂停比赛并出示白牌，然后将白牌放在提出要求暂停一方运动员的台区上。

3.3.4.2.4　当提出暂停的一方运动员提出继续比赛或1分钟暂停时间已到时，应立即恢复比赛。

3.3.4.3　运动员因意外事件而暂时丧失比赛能力时，裁判长若认为中断比赛不至于给对方带来不利，可允许中断比赛，但时间要尽量短些，在任何情况下都不得超过10分钟。

3.3.4.4　如果失去比赛能力的状态早已存在，或在比赛开始前就有理由可以预见，或由于比赛的正常紧张状态引起，则不能允许中断比赛。如果失去比赛能力的原因在于运动员当时的身体状况或比赛进行的方式，引起抽筋或过度疲劳，这些也不能成为中断比赛的理由。只有因意外事故，如摔倒受伤而丧失比赛能力，才能允许紧急中断。

3.3.4.5　如果赛区内有人受伤流血，应立即中断比赛，直到他接受了医疗救护并将赛区内所有血迹擦干净后再恢复比赛。

3.3.4.6　除非裁判长允许，运动员在一场比赛中应留在赛区内或赛区附近，在局与局之间的规定休息的时间内，运动员应在裁判员的监督下，留在赛区周围3米以内的地方。

3.4 促进规则

3.4.1 若一局比赛开始15分钟后仍未结束，则适用促进规则。但若比赛过15分钟时的得分为19分或超过19分则除外。此外，如果比赛双方运动员要求，即使比赛未过15分钟，也可适用促进规则。

3.4.1.1 若比赛过15分钟时，球仍在比赛状态，则停止比赛，接下来继续比赛时仍由停止比赛时的发球员发球，开始比赛。

3.4.1.2 比赛到15分钟时若球已不在比赛状态，则由在前一回合中的接发球员首先发球，开始继续比赛。

3.4.2 运动员每得1分便交换发球。若接发球员在同一回合中连续7次合法还球，则得分。

3.4.3 一旦使用促进规则，则直到此场比赛结束。

3.4.4 若一局比赛过15分钟，则此场比赛中剩余的每局比赛都按照促进规则进行。

3.4.5 适用促进规则时，裁判应向运动员及观众明确宣告。

3.4.6 在使用促进规则时，裁判宣告时不进行击球计算。

3.5 处罚

3.5.1 场外指导

3.5.1.1 团体比赛，运动员可接受任何人的场外指导。

3.5.1.2 单项比赛，运动员只能接受一个人的场外指导，并且这个指导者的身份应在该场比赛前向裁判员说明。

3.5.1.3 在局与局之间的休息时间或经批准的中断时间内，运动员可接受场外指导，但在赛前练习结束后到比赛开始前不能接受场外指导。如被授权的指导者在其他时间内进行指导，裁判员应出示黄牌进行警告；如在警告后再次违犯，将被驱逐出赛区。

3.5.1.4 在一个团体赛或单项比赛中的一场比赛，指导者已被警告过。如任何人再进行非法指导，裁判员将出示红牌，并将其驱逐出赛区，不论其是否曾被警告过。

3.5.1.5 在团体比赛中被驱逐出赛区的人不允许在团体比赛结束前返回，除非需要他上场比赛。在单项比赛中，不允许他在该场单项比赛结束前返回。

3.5.1.6 若被驱逐出赛区的指导者拒绝离开或在比赛结束前返回，裁判员应中断比赛，并立即向裁判长报告。

3.5.2 运动员、领队、教练的不良行为

3.5.2.1 运动员和教练员应克服那些可能不公平的影响对手、冒犯观众或影响本项运动声誉的不良行为，这些行为包括：大声叫喊、使用辱骂性语言，故意弄坏球或将球打出赛区，踢球台或挡板、擅自交换球拍及不尊重比赛管理人员等。

3.5.2.2 任何时候，运动员或教练员出现严重犯规行为，裁判员应中断比赛，立即报告裁判长；如果犯规行为不太严重，第一次裁判员可出示黄牌，警告犯规者，如再次犯规将被处罚。

3.5.2.3 除3.5.2.2和3.5.2.5条规定外，运动员在受到警告后，在同一场单项比赛或团体比赛中，第二次犯规，裁判员应判对方得1分；再犯，判对方得2分，每次判罚，应同时出示黄牌和红牌。

3.5.2.4 在同一场单项比赛或团体比赛中，运动员在被判罚3分后继续有不良行为，裁判员应中断比赛，并立即报告裁判长。

3.5.2.5 在同一场单项比赛或团体比赛中，如果运动员擅自交换球拍2次，裁判员应停止比赛并向裁判长报告。裁判长应判其运动员失去比赛资格。

3.5.2.6 除3.5.2.2条规定外，教练员在受到警告后，在同一场单项比赛获团体比赛中再次犯规，裁判员应出示红牌并将其驱逐出赛区，直到该场团体比赛或单项赛中的该场单项比赛结束才可返回。

3.5.2.7 无论是否得到裁判员的报告，裁判长有权取消有严重不公平或犯规行为运动员的比赛资格，包括取消一场比赛、一项比赛或整个比赛的比赛资格。当裁判长采取行动时应出示红牌。

3.6 选拔赛的组合方法

3.6.1 按排名排列种子

3.6.1.1　第1号种子应安排在上半区的顶部，第2号种子应安排在下半区的底部。

3.6.1.2　第3、第4号种子应分别安排在上半区的底部和下半区的顶部。

3.7　竞赛的组织

3.7.1　分组循环赛

3.7.1.1　在分组循环赛中，小组里每一成员应与组内所有其他成员进行比赛；胜一场得2分，输一场得1分，未出场比赛或未完成比赛的输的一方得0分，小组名次应根据所获得的分数决定。

3.7.1.2　如果小组的两个或更多的成员得分数相同，其名次只能按相互之间比赛的成绩决定。首先计算他们之间获得的场次分数，再根据需要计算个人比赛的胜负比率（团体赛时）、得失局的比率、得失分的比率，直至算出名次为止。

3.7.1.3　如果在任何阶段已经决定出一个或更多小组成员的名次后，而其他小组成员仍然得分相同，为决定相同分数成员的名次，根据3.7.1.1和3.7.1.2条程序继续计算时，应将已决定出名次的小组成员的比赛成绩删除。

3.7.1.4　如果按照3.7.1.1—3.7.1.3条所规定的程序，仍不能决定某些队（人）的名次时，这些队（人）的名次将由抽签来决定。

后　记

　　本书能够顺利完成得益于众多研究者的辛勤工作，没有他们对乒乓球的深入研究，这本书是不可能完成的。在此对所有参考文献的作者深表感谢！

　　本书在实际研究及写作过程中得到了安徽省教育厅人文社科基金项目的资助，课题编号为SK2019A0270。在此对安徽省教育厅人文社科基金项目的大力资助表示感谢！

　　本书由王家忠和许丽娟两位老师合作完成，共计约15.3万字，其中，许丽娟老师完成前言、第二章、第三章、第四章，约8.3万字；王家忠老师完成第一章、第五章、参考文献、附录、后记，约7万字。许丽娟老师撰写的占一半以上。特此说明！

　　鉴于作者水平有限，书中难免有些疏漏，请各位同行专家批评指正！

许丽娟　王家忠

2020年6月5日